子どもの遺伝子スイッチ・オン!

筑波大学名誉教授
全家研総裁
村上和雄

新学社

本書は、村上和雄が総裁を務める全日本家庭教育研究会(全家研)発行の
保護者向け情報誌『ポピーｆ』と『ほほえみお母さん＆お父さん』に、
平成21年5月号から平成25年10月号に連載したエッセイをもとに加筆修正を行い、
各章のはじめに書き下ろしエッセイを加えて編集したものです。

●全日本家庭教育研究会のウェブページ●http://www.popy.jp

●ブックデザイン●澤田千尋
●カバー・本文イラスト●暁ひろ

子どもの遺伝子
スイッチ・オン！

まえがき

みなさんは「遺伝子」について、どのようなイメージをお持ちでしょうか。もしかしたら、人の一生は遺伝子によって生まれつき決まっていて、人生とは、これをたどっていくだけなのだと考える方もいらっしゃるかもしれません。「運動が得意でないのは遺伝だからしょうがない」ということをおっしゃる方もいます。しかし、そのように考えて、自分やお子さんの可能性をあきらめるのは、非常にもったいないことです。

なぜなら、遺伝子は決して固定的なものではなく、そのときの体調や心の持ちようによって、柔軟に変化していくものだからです。

運動が苦手な両親から生まれた子であっても、運動が得意になる可能性は十分にあります。もちろん、勉強でも、絵画でも、音楽でも同じことが言えます。

遺伝子には
スイッチがある

お子さんが持つ遺伝子は、単に両親だけから受け継いだというものではなく、地球上の生命誕生から38億年もの年月をかけて、さまざまな困難を乗り越えて生き残ってきたものなのです。ですから、これからお子さんの人生にどんな困難が待ち受けていても、遺伝子が柔軟に対応し、乗り越えていけるはずです。

人の遺伝子の数は、約二万二千個であることがわかっています。人が生きていくなかで、常にこのすべての遺伝子が活動しているわけではありません。

実は、遺伝子にはスイッチがあります。

さまざまな刺激に対応する遺伝子のスイッチを、状況に応じてオンにしたり、オフにしたりしながら、私たちは毎日を生きているのです。

このスイッチのオン・オフ機能は、ある程度コントロールすることができます。そうすることで、私たちは自分の人生を変えることもできるのです。

本書によって遺伝子の無限の可能性を知り、お子さんの明るい未来をともに応援していきましょう。

目次

第2章　子どもには無限の可能性がある

第3章　笑いと陽気な心でイキイキ生きる

第4章　ゆずり合い、助け合う利他の心

第5章　大自然の偉大な力、サムシング・グレート

第1章

遺伝子がスイッチ・オンになるとき

人生を変えるスイッチ

今や日本中で知らない人はいない、プロゴルフ界のプリンス石川遼《りょう》選手。私は以前、彼の父親である石川勝美《かつみ》さんと対談をさせていただいたことがあります。

その際、私はいちばん気になっていたことを真っ先にお聞きしました。それは、ご両親をはじめ、石川家の家系にスポーツに秀でた人がいるかどうかという質問です。

遺伝子がスイッチ・オンになるとき

答えはノー。少々意外ではありませんか？　しかも、遼選手は幼い頃からゴルフを始めてはいたものの、ほかの子どもに比べると上達するのが遅いほうだったといいます。

つまり、遼選手は遺伝的にゴルフの才能に恵まれていたというわけではないのです。それでは、いったい何が彼をプロへと育てたのでしょうか？

個人の特徴はスイッチで決まる

二〇〇三年に、ＤＮＡに書き込まれた人の遺伝情報（ヒトゲノム）が、すべて解読されました。その結果、とても興味深いことがわかりました。Ａさんとｂさんという、二人の遺伝情報を比べてみます。二人は血縁関係のない、赤の他人です。ところが、この二人の遺伝情報は99・５％一致したのです。その差は０・５％、誤差の範囲です。しかし、ＡさんとＢさんは、見た目から何からまったく違う、別の人間なのです。

それでは、いったい何が、AさんとBさんの違いをつくり出しているのでしょうか。

ひとりの人間が持つ遺伝子は、二万二千個程度だと言われており、それぞれ違った役割を担っています。これらの遺伝子は、常にすべてが活動しているわけではありません。

二万二千個の電球があると考えてみましょう。それぞれに、電球を灯すスイッチがあります。人は一生の間で、その都度必要な役割を持つ遺伝子のスイッチを入れたり、必要のないスイッチを切ったりしながら、生きているのです。

AさんとBさんの違いは、このスイッチを入れる順序やタイミング、パターンなどの違いによって生まれているのです。

スイッチ・オンでイキイキと輝く子どもに

それでは遺伝子のスイッチは、何に影響されて入ったり、切れたりするのでしょうか。

答えは「環境」だと考えられています。ここでいう環境とは、人体に対する外部からの刺激や変化の総称だととらえてください。

たとえば、運動をすると筋肉の量が増えます。これは、圧力や張力などの刺激を外から加えることによって、筋肉の生成に関わるタンパク質をつくる遺伝子のスイッチがオンになったためです。

このような物理的な刺激に限らず、体内に取り入れた食物からの刺激、ショックや感動のような精神的な刺激などがきっかけとなって、遺伝子のスイッチのオン・オフが切り替えられているのです。

つまり、よい刺激を与えることで必要なスイッチを的確に入れられたら、遺伝的な素質に恵まれていないと思われていた子どもでも、大きく伸びる可能性があります。

冒頭にあげた石川遼選手は、その代表例ということができるでしょう。

遼選手は小学校四年生のときに、「マスターズで勝ちたい」という夢を語ったそうです。マスターズといえば、アメリカで行われる世界四大ゴルフ大会のひとつです。ほかの子どもよりも上達が遅いわが子が、そんな大きな夢を語ったら、たいていの大人は頭をなでて微笑むか、「そんなの無理に決まっているだろう」と言うだけではないでしょうか。

勝美さんは違いました。「無理だ」とは一言も言わず、一流のゴルファーを目指すよう励まし、そのために必要な環境を全力で整えてあげたのです。

こうして整えられた周囲の環境に本人の努力が加わって、遼選手の中でプロゴルファーになるために必要なスイッチがオンになっていったのです。

遺伝子が スイッチ・オンになるとき

子どもたちのスイッチをオンにするきっかけづくりは、それほど難しいことではありません。家族で旅行に出かけ、見たことのない景色に触れる。キャンプで釣りやたき火など、これまでにしたことのない体験をする。必ずしも日常とかけ離れた場所でなくとも、いい先生やいい友だちに出会ったり、感動するような本を読んだりするだけでも、スイッチはオンになります。たくさんのポジティブなスイッチがオンになることで、子どもたちはより個性的に、イキイキと輝き始めるのです。

エンジェル・スマイル

赤ちゃんは生まれてからしばらくたつと、だれに教えられたわけでもなく、実にやわらかい、邪気のない微笑みを浮かべます。エンジェル・スマイルと呼ばれる、この人生で最初の微笑みは、赤ちゃんが私たちに贈ってくれるかけがえのないプレゼントです。

この天使の笑みを見たお母さんや家族は「かわいい」と感じて、思わず笑みを返す。すると赤ちゃんはますます微笑むようになります。実に笑いは、相手の不安や緊張をほぐし、心に潤《うるお》いや穏やかさをもたらすきわめて

遺伝子がスイッチ・オンになるとき

重要なコミュニケーションの道具です。

私は、この笑いこそ遺伝子の機能に大きく働きかけ、体の免疫力《めんえきりょく》を高めてくれる薬であると同時に、心の安定剤でもあると思っています。

一般的に遺伝子といえば「遺伝情報の伝達」の働きをするというイメージがあります。しかし、遺伝子にはもうひとつ「タンパク質の生成」という大きな働きがあるのです。

つまり遺伝子は絶えず働いていて、生命の維持に必要なものをどんどんつくり出しています。この働きには環境の変化や刺激などに影響を受け、活性化したり、不活発になったりする性質があるのです。

この性質を、私は遺伝子のオン・オフ機能と呼んでいます。そして、このオン・オフ機能には、ストレスや恐怖といった私たちの「心」の状態も大きく関係していることがわかってきました。

したがって、心のありようを変えたら遺伝子の働きも変わり、それがひいては病気や健康の状態まで変えていくことになります。すなわち、楽しいとかうれしいといった「陽」の心は、よい遺伝子をスイッチ・オンにします。一方、つらいとか悲しいといった「陰」の心は、悪い遺伝子をスイッチ・オンにするのです。「陽」の心をもたらす代表こそが笑いであり、笑うことは、それに接した人にかけがえのない幸せをもたらしてくれます。赤ちゃんは私たちの生命力の最も深いところに、無限の恵みを与えてくれているのです。

赤ちゃんの邪気のない微笑みで
お母さんのよい遺伝子も
スイッチ・オン！

知識や社会のルールは既製品

子どもの成長を実感するのは、どういうときでしょう。

学習面はもとより、友だちと上手にコミュニケーションがとれるようになったり、音楽やスポーツなど自分の好きな分野で大きく伸びたり、そういったさまざまな変化について、わが子の成長を実感することでしょう。

そして、親としては、これからもっともっと勉強に力を入れ、社会のルールやしきたりなども学んでほしいと望んでいるかもしれません。

しかし、こうして身につけた知識や社会のルールなどは既製品のような

遺伝子がスイッチ・オンになるとき

もので、サイズはある程度合ってはいても、窮屈だったり息苦しく感じたりすることがあります。なぜなら、それらは人間がつくり出した社会的なもの、いわば「遺伝外情報」だからです。

「遺伝外情報」は、遺伝子のように親から子へ自動的に受け継がれることはありません。つまり、親が勉強した知識が自動的におなかの赤ちゃんにインプットされることはないし、社会的なルールを生まれつき知っている子どももいないのです。つまり、「遺伝外情報」は、親や周りの大人がゼロから教育しなければなりません。

ただし、気をつけたいのは、それらの「遺伝外情報」にどっぷり浸《つ》かりすぎると、野生の動物が放つ命のきらめきのような「イキイキ」が奪われてしまうということです。なぜなら、過度の「遺伝外情報」に接すると、遺伝子がオフの状態になってしまうからです。それでは、その子本来の能力や可能性が十分に伸びなくなってしまいます。

遺伝情報と遺伝外情報、社会的な動物である人間には両方とも必要です。遺伝外情報には窮屈な面もありますが、人同士の中で生きていくためには不可欠です。

ですから、親は、子どもの個性や方向性、つまり遺伝情報を十分意識しつつ、必要な遺伝外情報を教えることが大切です。

子どもに人と協調するための知識や社会性を教えつつ、イキイキと自分の道を歩んでいくようにうながす――。親の真の役割は、それに尽きるのではないでしょうか。

勉強や社会的ルールを押しつけすぎると子どもの「イキイキ」が失われる

才能は親の遺伝ではない

「この子は私に似て、理数教科が苦手だわ」「お父さんは足が速いから、きっとこの子もかけっこが得意になるはず」……。親子と遺伝にはこんな思い込みがあるようです。

しかし、体の設計図である遺伝子には、お父さんやお母さんだけでなく、太古からの生物の歴史が書き込んであると考えられます。おなかの赤ちゃんが、受精から誕生までに進化の歴史を再現するのは、最初の細胞の遺伝子の中にそれらの情報が宿っているからでしょう。とすると、「ひとりの

遺伝子がスイッチ・オンになるとき

人間の遺伝子には、人類すべての可能性が宿っている」とも考えられます。ただし、その中のどの部分が現れるのかは、だれにもわかりません。同じ両親から生まれた兄弟でも、顔立ちや体格、性格、どんな分野に興味を持つかなど、さまざまな違いがあるように、一人ひとりの遺伝情報には違いがあり、さらにどの遺伝子のスイッチがオンになっているかによっても、「個性」や「能力」として現れるものが違ってくるのです。

ですから、父親が数学を得意としたからといって、その子どもが必ずしも理数系向きとは言えません。逆に、一族に芸術の才が見られなくても、子どもがその分野で才能を発揮する場合も数限りなくあります。

大切なのは、眠っている遺伝子をオンにすることです。遺伝子は環境やタイミング、心の持ち方などによってスイッチがオンになり、イキイキと働き始めます。つまり、人との出会いや環境の変化によって、本人のやる気に火がつくと、子どもが大天才に変身する可能性も十分にあるのです。

よく「トビがタカを生む」という言い方をしますが、天才とは、代々引き継がれてきた遺伝的要素が何かのきっかけでオンになった人なのだと思います。

子どもたちは皆、自分の才能を開花させる能力を持っています。情熱と実行力があれば、どんなことでも可能性はゼロではありません。子ども一人ひとりの能力が開花するよう、親は温かく見守りながら、やる気を育みましょう。

子どもたちの眠っている遺伝子をスイッチ・オンにすれば才能が開花する

生命はビッグ・ファミリー

私たちの命は、「たてのつながり」と「横のつながり」を持っています。「たてのつながり」とは、私たち一人ひとりには幾千幾万の祖先がいて、太古からのDNAを受け継いでいるということです。子どもが父親と母親からDNAを受け継ぐように、父親と母親もまた、その父親と母親からDNAを受け継いでいます。そして、そのまた上の代の親も……。そうやって、ずっとさかのぼっていくと、私たち一人ひとりの命の中には想像を絶する膨大な命が受け継がれていることがわかります。この悠久の時間の流

遺伝子がスイッチ・オンになるとき

れにおける命のつながりこそが、「たてのつながり」です。

一方で、私たちは「横のつながり」も持っています。実は、遺伝子レベルで見ると、細菌やカビ、昆虫から人間に至るまで、ありとあらゆる生きものはすべて、四つの文字からなる同じ遺伝子暗号を使ってできた命なのです。人間とチンパンジーのゲノム（全遺伝情報）の違いは、その暗号の配列で比較して、たった3・9％程度のものにすぎません。植物のイネと比べても、人間と40％程度は共通しています。人類みな兄弟どころか、あらゆる生物は遺伝子によってつながっている。これが命の横のつながりです。地球上のすべての命は大きな家族、ビッグ・ファミリーなのです。

つまりほかの命がなければ、ひとつの命は生きられません。生態系における食物連鎖はそのひとつの証です。だからこそ、私たちは命に感謝しなければならないし、ともに喜び合わなくてはならないのです。

梅雨のころの雨は、外で遊びたい盛りの子どもたちにとっては、少々うっとうしいかもしれません。しかし、植物や動物にとっては恵みの雨です。そのような視点で、横のつながりを意識してみましょう。雨粒を受けて元気に動き回るカエルやカタツムリ、雨上がりに光るクモの巣など、親子で身近な自然を見つめてみると、命の尊さや生きていることの不思議さなど、さまざまな発見と感動があるでしょう。

「横のつながり」を意識すると命の尊さや不思議さを実感できる

マイナス遺伝子をオンにする言葉

「疲れた」「おもしろくない」「忙しい」「つまらない」――。こんな言葉は、常日頃ついついもれてしまいがちです。ところが、このような否定的な言葉、マイナス言葉には注意が必要です。なぜなら、こんな言葉に囲まれていると、不思議なことにそれが現実のものとなってしまうからです。

周りを見回すと、そうした例は簡単に見つかるでしょう。たとえば、いつも「忙しい、忙しい」と言っている人は、本当に慌ただしく、セカセカと何かに追われるように過ごしていませんか。「つまらない」が口癖の人は、

遺伝子がスイッチ・オンになるとき

いつでもおもしろくなさそうな顔ばかりしているでしょう。

日本には、「言霊《ことだま》」という言葉があります。「言霊」とは言葉に宿る神霊《しんれい》のことで、日本人は言葉の持つ不思議な働きを信じ、それらを大切にしてきました。「ありがとう」と言えば、「ありがとう」と感謝したくなるような世界が現れ、「ばかやろう」と言えば、「ばかやろう」と怒りたくなる世界が現れる。言葉には、そんな世界を創造する働きがあるということを信じてきたのです。

不健康な生活や放射線などの影響でマイナスの遺伝子がオンになり、病気を引き起こすことがあるように、マイナス言葉もまた、それを使い続けることで、自分に大きなマイナスの影響を与えるのです。

常に前向きな言葉を意識し、自分や周りが明るい雰囲気になるよう心がけるとどうでしょうか。間違いなくイキイキと楽しく過ごせる世界が創り出されるでしょう。

これは、子育てにも当てはまります。「すごいね」「がんばっているね」と励ませば、子どもはグングン成長します。前向きな言葉の世界に包まれることで、困難なことでも「もしかしたら、できるかも……」と思い始め、やがて「できるぞ！」と奮《ふる》い立つようになるのです。ふだんの生活の中でプラス言葉を用い、子どもたちの周りに明るく温かな世界を創ってほしいと思います。

マイナス言葉には要注意！
プラス言葉の働きが
子どもたちをイキイキさせる

遺伝子のオンで運命を変える

子どもには幸せになってほしい——。親ならば、そう願うものです。では、幸せをつかむためには、どうしたらよいのでしょうか。

私は「幸せ」に関係する遺伝子は、だれもが持っていると考えています。ポイントは、その遺伝子をオンにできるかどうか、ということにあります。というのは、遺伝子と私たちの心は深くつながっており、心で何をどう考えているかによって、遺伝子のスイッチがオンになったりオフになったりすると思われるからです。

遺伝子がスイッチ・オンになるとき

実際、「病は気から」と言うように、心の持ち方ひとつで、人間は健康を損ねたり、逆に病気に打ち勝ったりすることがあります。

ですから、幸せをつかむためには、日常生活をはつらつと、前向きに元気に生きることが大切です。自分の興味のあることに取り組み、イキイキ・ワクワクしながら明るく生きていれば、その心の状態に影響されて、よい遺伝子がオンになります。

すると、たいていのことは順調にいくでしょう。心がプラスの状態になっていれば、たとえ困難なことがあっても、「よし、がんばって乗り越えるぞ」という強い気持ちが芽生えるからです。

逆に、遠ざけたいのは、「ダメ」を前提にした考え方です。「自分は何をやってもダメだ」「どうせダメだから、やってもムダ」と考えていたら、うまくいくものもいかなくなるのは当たり前です。心がマイナス思考になっていたら、よい遺伝子が働いてくれるはずがありません。

よい遺伝子をオンにして、自分の運命を変える生き方――。その生き方のカギを握っているのは私たちの心、すなわち「ものの考え方」なのです。このような考え方を私は「遺伝子発想」と呼んでいます。子どもたちにも、心の持ち方に気をつけて、遺伝子を上手にコントロールして、その子なりの「幸せ」をつかんでほしいと思います。そして、子どもたちの気持ちがいつも前向きであるよう寄り添って励ますのは、親の大切な役目のひとつです。

心の持ち方を変えることによって
よい遺伝子をオンにする、
それが幸せをつかむコツ

腹八分に医者いらず

自然豊かな日本では、四季折々においしい料理や食材がたくさんありま す。こうしたさまざまな食材や栄養などの「食物環境」は、私たちのDN Aに影響を与える大切な要素のひとつとして注目されています。

たとえば、糖尿病の指標のひとつに血糖値がありますが、血糖値は血液中のグルコース（炭水化物）の濃度で測ります。このグルコースは、体内の栄養源としては大切なもので、特に脳の栄養分として必須成分です。したがって、グルコース濃度は体内で非常に厳密にコントロールされていて、

遺伝子がスイッチ・オンになるとき

私たちの体は絶えずそれを一定に保つように働いています。

そのグルコース濃度の調節に、大きな役割を果たしているのが、遺伝子なのです。

すなわち、食事をして血糖値が上がると、体内のグルコース合成に関係する遺伝子のスイッチがオフになって、その生産をストップします。逆に、食物を摂《と》らないで血糖値が下がってくると、同じ遺伝子のスイッチがオンになって、グルコースを生産し始めます。つまり、血糖値を一定に保つために、私たちの体は遺伝子によってコントロールされているのです。

グルコースだけでなく、脂肪やコレステロール、ビタミンについても、それを調節するために、遺伝子のオン・オフ機能が深く関わっていることがわかってきました。つまり、遺伝子が食べ物や栄養と直接関わっていることが解明されてきたのです。

ことわざに「腹八分に医者いらず」とあります。食事をほどよい加減に節制することは、健康や体調を整えることにつながります。これは、遺伝子学的に見れば、「適度な飢餓《きが》感」が必要な遺伝子をオンにするからでしょう。

おいしいからといって食べすぎたり、好きなものばかり食べたりするのは、体によくありません。大人も子どもも健康でイキイキと暮らすために、時々「食物環境」を見直し、「腹八分」の実践をしていきましょう。

血糖値を一定に保つのも
遺伝子のオン・オフ機能
「適度な飢餓感」を大切に

遺伝子は体の司令塔

「人間の行動に関して、最も重要なのは脳である」と考える人は多いようです。思考も行動も、すべて脳の指令によって行われているのだからと。

もちろん、これは間違いではありません。でも、脳で実際に働いているのは、細胞や細胞間のネットワークであり、細胞の働きは遺伝子の指令にしたがっています。脳の働きとはいえ、脳細胞とその中にある遺伝子が持つ情報がなければ、機能しないのです。つまり、「人間の体の司令塔は、遺伝子である」と言っても過言ではありません。

遺伝子がスイッチ・オンになるとき

その遺伝子に影響を与えるもの、それは心の動きです。私たちの体の細胞は、遺伝子の指令によって働いていますが、その遺伝子は心の状態によってオン・オフのスイッチが切り替わるのです。

朝、天気がいい日には、「ああ、今日は気持ちがいいなあ」とつぶやき、思わず両手を上げてグーッと背伸びをしたり、深呼吸をしたりした経験はありませんか。すると、体も実にさわやかになり、調子がよくなります。

これは、体の外の環境を「気持ちがいい」とプラス発想で受け止めた心の動きによって、健康によい遺伝子がオンになり、体によい影響が現れたためだと考えられます。視覚でとらえた情報を脳が全身に伝えて……といった手間をかけなくても、心地よさを感じて遺伝子がイキイキし、自然に体の中に元気な力がわくのです。

このように、私たちの心と体は、密接につながっています。だから、体の健康を保つために自分の心と向き合ったり、逆に、積極的に体を動かして心をスッキリさせたりすることが大切なのです。

これは、子どもの心身の健康管理にもきっと役立つ考えです。これといった原因が見当たらないのに、何となく調子が悪そうな様子が続いていたなら、何か心配ごとや気がかりなことがあるのかもしれません。あるいは、不安を抱えた結果が、体の調子の悪さとして現れることもあるでしょう。子どもの体だけではなく、その心も同時に、しっかりと見守ってあげましょう。

遺伝子こそが体の司令塔
そのスイッチは
心の状態によって切り替わる

励ましが可能性の扉を開く

遺伝子の研究において、「これはおもしろい！」と思ったことが何度もあります。その中でも、特にお知らせしたいことをこの章の最後でご紹介しましょう。

それは、遺伝子レベルで見ると、人間とチンパンジーがほとんど同じ生き物だということです。さらに、人間同士で比べると、遺伝子の情報千個につき、違いはわずか五個くらいしかありません。世の中で秀才と呼ばれる人とそうでない人を比較しても、遺伝子レベルでいえば、千に五つの違いしかないのです。

このわずかな差が、さまざまな個性の違いとなって現れてくるのですが、これくらいの差なら、眠っているよい遺伝子のいくつかをオンにすることによって克服できるかもしれません。つまり、非凡な才能が今は現れていなくても、よい遺伝子をオンにすることで、だれでも大きな力を発揮できるのです。

遺伝子をオンにするために大切なのは、笑顔や明るい気持ちといった心の環境です。子どもたちは、ときには勉強やスポーツなどの壁にぶつかり、苦しむこともあるでしょう。失敗や挫折に心が折れそうになったり、くじけそうになったりすることもあるかもしれません。

そんなときには、ぜひ教えてあげてください。人間として生まれたことのありがたさ、今生きていることの尊さ、そしてだれにでも無限の可能性があることの素晴らしさを——。

そうした大きな視点に立った親の励ましの言葉は、目先のことに凝り固まりすぎた子どもたちの心をほぐし、笑顔へと導きます。その結果、よい遺伝子を目覚めさせることにも、きっとつながるでしょう。

子どもの心の環境を整え、スイッチがオンになるのを手助けするのは、親の大切な役目のひとつです。子どもたちが自ら可能性の扉を開けられるように、励ましの言葉で勇気を与えましょう。

親の励ましの言葉が
子どもの眠っているよい遺伝子を
スイッチ・オンにする

第2章

子どもには無限の可能性がある

マイナスの環境でこそ目覚める力

膨大な桁数《けたすう》の円周率を延々ととなえる子。ふだん使うことのない路線の駅名を、順番を間違えることなく、すらすら言える子。

自閉症などの障害を持った子が、このような抜きんでた才能を発揮することがあります。

病気や障害という、いわばマイナスの環境におかれた子どもたちが、健常な子では考えられないような能力を見せるケースは、決して珍しいことではないのです。

このような、私たちの常識の範囲を超える能力は、いったいどのようにして目覚めたのでしょうか。

実は、障害のある・なしにかかわらず、だれもがこのような特別な能力を持ち合わせているのです。

ガラクタに眠る無限の能力

遺伝子の本体であるＤＮＡには、特に何の働きもしていないとされ、「ガラクタ」と呼ばれていたものがありました。

しかし、近年の遺伝情報の解読により、このガラクタたちの中にも、重要な役割を担っているものがあることがわかってきました。

たとえば、知性や理性の源とされる大脳皮質《だいのうひしつ》のしわ。このしわの形成に関わる遺伝情報が、ガラクタと考えられていた部分から発見されたというケースもあります。

DNAには、まだその役割が解明されていないものが多数あります。ガラクタとされていたものが、まだ見ぬ能力を持つ遺伝子が眠る、宝の山かもしれないのです。

冒頭にあげた障害を持つ子どもたちは、物事の本質をとらえるとき、論理的にではなく、感覚や直観を通してつかもうとします。そして、その能力に非常に長けています。

しかし、このような能力は、障害を持つ子にあって、持たない子にはないというわけではありません。その能力を発現する遺伝子が眠っているだけにすぎないのです。

まだ解明されていないガラクタの中にこそ、常識を超えた能力を目覚めさせるヒントが眠っているのかもしれません。

だれもがピンチをチャンスにできる

一般的に、病気や障害というと、マイナスのイメージを持ってしまいがちです。

しかし、心の持ちようを変えることで、遺伝子のスイッチがオンになり、苦しい環境を耐えたり、乗り越えたりする力を手に入れた人たちはたくさんいます。

人は生きていくうえで、次々と新しい環境に行きあたります。病気や障害を発症することも一種の環境の変化です。

新しい環境は、新しい発想を生み出します。ひどい風邪をひいて、初めて健康のありがたみを知ったという経験はきっとあるでしょう。

新しい環境に出会うと、その環境におかれなければ見えなかったものが見えてくるのです。

障害を持つ子が、感覚や直観を通して物事の本質を見極めることに長けているのは、障害という環境が健常な子とは全く違う発想を生んだためかもしれません。

もちろん、病気や障害を受け入れて前向きに生きることは、気安く言えるような簡単なことではありません。

しかし、どんな逆境におかれても、受け入れ乗り越えようとする姿勢があれば、自分に課せられたマイナスの環境を克服し、人生を変えていくことができるのです。

現在、私たち人間が受け継いでいる遺伝子は、最初の生命誕生から38億年もの長い年月をかけて、ありとあらゆる厳しい環境を乗り越えてきたものです。

したがって、だれの遺伝子にも、マイナスの環境を受け入れ克服する力が備わっているのです。

病気や障害とまではいかなくても、子どもたちがこれから生きていくなかで、マイナスの状況に陥ることは数えきれないほどあるでしょう。「ピンチはチャンス」とはよく言われますが、ピンチのときほど眠っていた能力が目覚める可能性が高いのです。

ピンチをいかに乗り切るか。この経験が、お子さんのその後の人生を豊かにする大きなカギとなることでしょう。

ムダの中にこそ意味がある

ムダ話、お金のムダづかい、時間のムダ……。常に効率を考え、合理化をしたがる人にとって、「ムダ」はあっては困るものであり、省くべきものなのかもしれません。

しかし、「ムダ」の中には、「意味のあるムダ」もあります。たとえば、私が長年研究している遺伝子は、一見、ものすごく多くの「ムダ」を持っています。

人間の遺伝子に書き込まれているＤＮＡは30億ペアもありますが、その働きがわかっているのは、5～10％ほどです。残りの90～95％はどんな働きをしているのかわかっていません。そのため、DNAの大部分は、どんな働きもしていない「ガラクタ（ジャンク）」だと決めつける人もいます。

しかし、本当にDNAの大部分はガラクタ、つまり「ムダ」なのでしょうか。私は、90％にもおよぶその働きのわからない部分こそ大切で、未知の能力が眠っている可能性の泉だと考えています。

なぜなら、ムダな部分が90％以上もあるというのは、どう考えても不自然だからです。実際、私たちの体を構成している器官やホルモンなどの物質で、不要なものは基本的にはありません。どれもそれぞれに必要があって、私たちの体に備わっているのです。DNAも同様で、ムダに見えるのは、その本当の価値や意味が今の科学水準ではまだ解明できていないからだと考えられます。

事実、ごく最近、「ガラクタ」とみなされていたDNAの部分に遺伝子のオンとオフに関する働きがあることがわかってきました。やはり、ただの「ムダ」ではなかったのです。

子どもが学んでいく過程でも、同じことが当てはまるように思います。大人から見ると、一見ムダに思えるような回り道も、本人なりに納得するために必要だったり、あるいは新しいことを発見するきっかけになったりするのかもしれません。

頭からムダと決めつけず、むしろその中に可能性を見出すこと――。それこそが、子どもの才能を花開かせることにつながるのです。

「ムダ」の中にこそ
未知の能力が眠っている
大きな可能性の泉がある

落ちこぼれなど、ひとりもいない

お子さんの成績や通知表を見るたびに、「このままでは、落ちこぼれてしまうのでは……」と心配してしまうのは親の常かもしれません。しかし、私に言わせるなら、人間には「落ちこぼれ」なんて、だれひとり存在しません。遺伝子の仕組みを考えると、それがよくわかります。

赤ちゃんが両親から受け取る遺伝子の組み合わせは、約70兆通りにもなります。受精時に父親と母親の遺伝子が混ぜ合わさって、赤ちゃんへと渡されます。このとき、ペアになっている遺伝子のうち、もし一方の遺伝子が傷ついたとしても、もう一方の遺伝子をお手本にして、正常な働きをするように修正されるのです。

さらに、両方の遺伝子が傷ついた場合に備えて、遺伝子の一部を互いに入れ替える「遺伝子の組み替え」という仕組みも用意されています。

こうして、よい組み合わせの細胞だけが、生存競争に打ち勝って、生き残るようになっているのです。だから、この世に生まれてきた子どもは、すでに生存競争に打ち勝ってきた素晴らしい勝者であると言えます。

このように、すべての子どもの中に生命の神秘や遺伝子の素晴らしさが存在し、だれもがほとんど無限とも言うべき可能性を隠し持っています。よく「子どもはみな、すごい能力の持ち主だよ」と言いますが、これはけっしてなぐさめの言葉などではありません。

ただし、残念ながら、この隠された可能性を十分に活用していないケースが少なくないようです。その子なりの長所や特徴があるのに、それが十分に発揮されていないのです。

では、どうしたら、それぞれに与えられた宝箱を開けられるのでしょうか。子どもたちに眠る「可能性の種」は、ある条件が整うと、パッと目を覚まして活動を開始します。その条件とは、心がイキイキすること。つまり、何かに夢中になれることが大きなカギとなります。

テストの点数や偏差値にとらわれすぎると、心のイキイキがなくなってしまいます。子どもが本当に夢中になれるものを見つけられることが大切なのです。

この世のすべての子どもは生存競争に打ち勝ってきた素晴らしい勝者！

人生の花を咲かせる方法

地味な作業を地道にコツコツ重ねることには、思わぬ効果・効能がある。そのことを私が身をもって知ったのは、レニンという物質（高血圧の原因となる酵素《こうそ》）を研究しているときでした。

当時、私の研究室では、レニンを取り出すために、牛の脳と格闘していました。レニンがあると推定した部分（脳下垂体《のうかすいたい》）は、手の親指の先ほどの大きさですが、栗の渋皮みたいなうすい皮で覆われています。その皮を一つひとつ手でむいていくのですが、研究には牛三万～四万頭分も必要だったので、気が遠くなるようなたいへんな作業でした。

しかし、毎日ひたすら同じ作業を繰り返すうちに、私も研究所のメンバーもだんだん慣れてきました。そのうち、みんなでおしゃべりしながら、けっこう楽しんでやれるようになったのです。

この経験を通して、地道な努力、すなわち習慣には素晴らしい効果があることがわかりました。それは「習慣が仕事や作業を単純化し、その精度を高めてくれる」ということです。つまり、どんなことも地道に努力を積み重ねていくうちに、作業が簡単に、しかも正確にやれるようになるし、疲れも少なくなるのです。

たとえば、子どもたちの早起きやそのほかの生活習慣も、続けていくうちに自然に身につき、無理なくできるようになるはずです。漢字や計算練習などの基礎的な学習も、練習すればするほど容易に、しかも正確に答えられるようになるでしょう。

ただし、ふだんの地味な努力を大きな成果につなげるために、もうひとつ大切なことがあります。それは、「心定め」です。「心定め」とは、「必ずやるんだ！」という明確な意志や熱い思いのことですが、そういったものには「磁力」のような力があって、大きな幸運を引き寄せてくれるのです。

地道にコツコツと努力を続けていけば、必ず花は咲きます。さらに強い意志があれば、大輪の花となるチャンスも舞い込んでくるのです。

コツコツ重ねる地道な努力
「必ずやる」という明確な意志
この二つが人生の花を咲かせる

あえて遠回りをしよう

ここに二つの道があります。ひとつは、最短距離で「目的地」に着けそうな直線的な道。もうひとつは、遠回りを予感させるクネクネと蛇行した曲線的な道。子どもたちにはどちらの道を歩んでほしいと望みますか？かわいいわが子には苦労をさせたくないから、「最短距離の直線的な道」を選ばれるでしょうか。

実は、私はこれまで後者の道ばかりを歩んできました。回り道もあれば寄り道もあるジグザグの道です。道中、さまざまな矛盾に体当たりしつつ、

子どもには無限の可能性がある

まじめにひたすら歩き続けてきた日々を思い返してみると、そんな不器用で愚直な生き方も悪くないのではないかと思うようになりました。

実際、科学の世界では、ものごとを安っぽく考えず、時間がかかっても深く大きく思考するという人が、遠回りをしながらも確かな成果をあげることが珍しくありません。そして、それは科学の世界に限ったことではないでしょう。

子どもたちも、一直線に正解へたどり着こうとしなくてもよいのです。一見、ムダだと思うようなことをしてもいい。少し立ち止まって考えてもいい。なかなか成果があがらなくても、自分なりに工夫したり、さまざまな方法を試してみたりする経験こそが、子どもたちの心や思考に深みや厚み、奥行きや豊かさを与えてくれるのです。

親のほうも、どれだけ成果をあげたかではなく、どれだけ一生懸命努力したかという過程に注目して、子どもたちの成長を見守ってほしいと思います。用意された答えの中から、正解をすばやく選ぶような器用さではなく、ゆっくりではあっても大きな知性の歯車を着実に回しているような不器用さを、ぜひ評価してあげたいものです。

いちばん遠くまで行けるのは、ゆっくり歩む人です。理屈や常識の限界である「目的地」を悠々と越えてしまえるような、そんな大きな歩みを子どもたちに期待したいものです。

ジグザグの曲がりくねった道を
ゆっくりしか歩めない、
そんな姿勢こそ大きく評価！

「わからない」を大切にしよう

「わかる」ようになればなるほど、「わからない」ことが増える——。禅問答のようですが、実は科学の世界ではよくあることです。たとえば、ひとつの研究によってあることが「わかる」ようになったとします。すると、必ず「そのわかった部分以外は、どうなっているのだろうか」という新しい疑問や謎が生まれるのです。

私が研究している遺伝子の世界でも、現在ものすごいスピードで解明が進んでいますが、それ以上にわからないことも増えています。たとえば、

子どもには無限の可能性がある

人間の体のすべての働きをつかさどっているDNAのうち、どのDNAがどんな働きをしているのか、わかっているのは、多めに見積もっても全体の10％程度。残りの90％は、どんな働きをしているのかよくわかっていません。そのため、もともと何の役にも立たないものだと考え、「ガラクタ」と呼ぶ人もいるということは、前にも述べた通りです。

しかし、私はその「ガラクタ」にこそ、大きな意味や価値がひそんでいると考えています。今はまだ「わかっていない」だけで、生物の長い進化の歴史や秘密、いのちの原理や設計図など、今わかっている部分よりもはるかに重要な情報が「暗号」として書き込まれているのではないかと思うのです。

「わからない」というのは、ものごとを学び、考えていくうえで大切なモチベーション（動機）になります。ものごとを知らないこと、わからないことは決して欠点や弱みではなく、「わからない」からこそ「知りたい」「わかりたい」という欲求が働き、その結果、知識を広げ、能力を伸ばしていけるのです。

だから、もし子どもが「わからない」と言ったら、そこから生まれる「わかりたい」という気持ちを大切にしたいものです。テストの点数や偏差値のような目先のことや、教科書を丸暗記しただけの表面上の知識の有無に一喜一憂するのではなく、思考の過程やじっくり考える姿勢そのものを認めましょう。そうすることで、ものごとを学ぶ本当の楽しさ、知る喜びにきっと近づけるはずです。

「わからない」からこそ
「わかりたい」と思う
これが学びのモチベーション

生きがいは自分でつくる

たとえば夏休みなどの長期の休みを、有意義に過ごすとはどういうことでしょうか。

集中的に勉強させることでしょうか。あるいは、ふだんできない体験をさせるために、親が旅行やイベントなどをいろいろ考えて、スケジュールをいっぱいにすることでしょうか。

そういう過ごし方も、もちろんあるでしょう。でも、子どもたちにとって充実した時間とは、自分の好きなこと、興味のあることをとことんやっているときではないかと私は思っています。

ピアノの好きな子には好きなだけピアノに向かわせる、本が読みたい子には読みたいだけ読ませる、虫が好きな子にはどんどん虫採りをさせる。せっかくのまとまった時間だからこそ、本人の興味のおもむくままに好きなことをさせてみるのはどうでしょう。

なぜなら、身の周りの小さな「これをやってみたい」「あれが好き」ということがらの中に、自分の目標や目的、やりがいなどが隠れていると思うからです。

もともと自分が「やりたい」と思ったことですから、子どもは一生懸命に取り組んだり、繰り返し練習したりします。そのうちに、ピアノでも虫採りでもだんだん上達してきて、おもしろくなってきます。すると、「もっと上手になりたい」「今度はこうしてみたい」という新たな意欲がわいてきます。そういう一つひとつの思いが階段をつくっていき、いつの間にか目標が明確になり、道筋ができていくのです。

「子どもには自分なりの目的や生きがいを持ってほしい」と願うのは当然です。しかし、目的や生きがいとは、もともと本人が心に抱いているものというより、成長する過程において、自らが少しずつつくり上げていくものなのです。

自分の興味のあることや好きなことに真剣に打ち込み、喜んだり、悔しがったり、泣いたり笑ったり、そういうイキイキとした過ごし方こそが、有意義な過ごし方であるように思うのです。

目的や生きがいは
自らがつくり上げていくもの
そのためにこそ時間を使おう！

誕生日に考えたいこと

子どもが誕生日を迎えると、親はとてもうれしいものです。「背丈が伸びたな」「いつの間にか、こんなことができるようになったんだな」と、その成長を改めて感じることは、親にとって生きがいでもあります。

子どもが誕生日を迎えたら、その日にぜひ考えてほしいことがあります。それは、命のつながりについてです。

私たちの中には、父親と母親のＤＮＡが受け継がれています。その父親と母親の中にも、それぞれの父親と母親のＤＮＡが流れ込んでいます。その、それぞれの父親と母親の中には、さらにその父親と母親の……。そうやって多くの祖先をたどっていくと、私たち一人ひとりの生命の中には想像を絶する膨大な命が引き継がれていることがわかります。

気が遠くなるような、悠久の時間の流れにおける命のつながり。それをぜひ、子どもたちにも意識してほしいのです。おじいちゃんやおばあちゃんがいて、お父さんやお母さんが存在し、そうして自分がいる。そうした命のつながりを想像できれば、今、自分がこうしてここに存在することの素晴らしさに、きっと感動と興奮を覚えることでしょう。

そうすれば、必ず自分の命を大切にする子どもになります。自分の命を大切だと感じることができれば、やがて家族や友だちなど、周りの人の命も自分と同じように大切だと思えるはずです。

また、生きとし生けるものすべてに、やがて終わりがくることも想像できるでしょう。そんな限りある命だからこそ、私たちは毎日を精いっぱい生きるのです。

　核家族化が進み、多くの人が病院で死を迎えるのが当たり前となった今の日本では、日々の暮らしの中で、生と死について子どもと一緒に考える機会はそれほど多くありません。

　そうした社会では、命や人生について考えるよいきっかけとなるのは、むしろ誕生日です。その日は、家族で子どもの成長と健康を祝いながら、どう生きていけばイキイキと豊かに過ごせるのか、親子一緒に考える機会にしたいものです。

一人ひとりの中には
膨大な命が引き継がれている
そのことを子どもたちに伝えたい

ケタ外れの大きな喜びを得る

最近、子どもたちに科学のおもしろさを紹介しようという取り組みが盛んになっているようです。さまざまな科学実験を行うテレビ番組もあれば、親子で楽しむ科学遊びを紹介する講座なども増えています。

子どもには、そうした「ハデ」な科学実験も楽しいでしょうが、実は、科学にはもっと人を惹きつけてやまない魅力があります。それは、「知らないことを知る」という喜びです。

科学者の日常というのは、とても地味なものです。今日も明日も明後日

子どもには無限の可能性がある

も、同じ作業をずっとやっていることがあります。顕微鏡《けんびきょう》をのぞいたり、何かをすりつぶしたり、訳のわからない数字とにらめっこをしたり……。一般の人から見れば、「科学者のすることは、とても理解できない」ということも多いかもしれません。

かくいう私も、コツコツと手作業で3万頭もの牛の脳からレニンという酵素《こうそ》を取り出したり、実験用のネズミをコチョコチョとくすぐって笑わせたり、人から見れば「なぜこんなバカバカしいことを一生懸命にやるのか」ということに、真剣に取り組んできました。

では、なぜ、科学者はそんなふうに研究に打ち込むのでしょうか。それは、一生懸命にコツコツとやっていれば、一生に何度か「今までだれも知らなかったことを、私たちが世界で最初に見つけた」という瞬間に出合えるからです。そのときの喜びというのは、あまりにも強烈かつ感動的で、たとえようがありません。もともと、人間にとって「知らないことを知る」

のは楽しいことですが、科学者はケタ外れの大きな喜びを目指して、コツコツと地道な努力を重ねていくのです。それこそ、「科学者魂」です。
子どもたちにとっても、「知らないことを知る」経験は大切です。好奇心を満たすために努力し、達成感を味わう体験を重ねていけば、たくましい「科学者魂」を持つ次世代の科学者が生まれるはず。また、たとえ科学以外の分野に進んだとしても、「科学者魂」は自分の道を切り拓《ひら》く大きな力となるでしょう。

「知らないことを知る」ことは
大きな喜び!
その経験と達成感を大切に

直感と感性をみがく時間

「科学」というと、理性的で客観的なもの、実証を積み上げながら論理的に追究していくものというイメージがあるかもしれません。たしかに、教科書や科学書には「仕上げられた科学」のみが書かれており、これを読む限りでは論理的です。私たち科学者が大学で教えたり学会で発表したりするのも、ほとんどこのような科学であり、「昼の科学（デイ・サイエンス）」と呼んでいます。

しかし、科学は論理や客観的な見方だけでは決して理解できない面も持っています。なぜなら、科学をつくっているのは人間であり、人間は理性的な面だけではなく、感性的な面もあわせ持っているからです。

たとえば、科学者は、ひとり机に向かって真剣に考え込んでいるときではなく、さまざまな分野の仲間とリラックスしながら談笑しているときに、それまで思いつきもしなかったアイディアを思いついたり、論理や常識の枠を超えて直感的にヒントをつかんだりすることがあります。そうした思いつきや直感を頼りに、悪戦苦闘しながら試行錯誤を繰り返すうちに、「今までだれも知らなかった全く新しい解答」が見出されることも、実は少なくありません。

このような、論理の枠を超えた直感や感性がもたらす科学を「夜の科学（ナイト・サイエンス）」と呼んでいます。この「夜の科学」の影響力は大きく、「大発見や新論理の芽は、いつもナイト・サイエンスにある」とさえ言われているのです。

考えてみると、子どもの学びについても同じことが言えるのではないでしょうか。机に向かって勉強する「昼の勉強」ももちろん大切ですが、友だちや親とおしゃべりしたり遊んだりする時間もまた大切です。

そうしたリラックスした時間こそ、自分が本当に好きなものを発見し、好奇心を深めるためのヒントを得るきっかけとなるでしょう。子どもの勉強は、机の上だけとは限りません。親子で過ごすそういった時間も、子どもの学びを刺激し、よりイキイキとさせてくれるものです。

子どもたちの学びを刺激し
直感と感性をみがく時間を
「昼の勉強」とともに大切に

知性は知識の量ではない

子どもの成長というと、体はもちろんですが、親としては知的な発達についい興味が奪われがちでしょう。しかし、子どもの知性について、ここではよく考えてみたいと思います。この世に昼と夜があるように、ものごとにはその裏に存在する別の側面があり、どちらもかけがえのないものだと思うからです。

たとえば、知性とは、必ずしもテストの点数ですべてが計れるものではありません。また、知識の量だけとも限りません。もちろん、さまざまなことを学び、知識として蓄えることは大切ですが、自分の五感を通じて何かを学び取る力もまた、子どもの知性の成長には欠かせないものなのです。

科学の世界には「ナイト・サイエンス」、夜の科学という言葉があることはすでにご紹介しました。「ナイト・サイエンス」とは、論理ではなく直感や感性を頼りに、試行錯誤・暗中模索を繰り返して何らかの大きな発見をするような科学のありかたを指します。

科学は、教科書に載っているような論理的で客観的な「デイ・サイエンス」とは対照的に、そうした極めて情感的な側面も持っているのです。

このように考えると、ものごとにはバランスが必要なのだという思いが強くなります。いつでも全力投球といったまじめなタイプの子には、ときには体から力を抜き、頭を空っぽにして遊ぶことが必要です。一方、いろいろなことに興味を持ち、時間がどれだけあっても足りないような子には、じっくりものごとを考えてみるための、まとまった時間が必要でしょう。

ふだんの生活を見直し、このようなバランスにぜひとも留意してあげてください。それは「昼」と「夜」のバランスです。「昼」だけではなく、「夜」という「世界の残り半分」における子どもたちの成長にも、著しいものがあるのです。

理性的な学びの側面とともに
感性を育てる側面を
大切にしましょう

生きる力は体験でつける

人間の「知」には、二通りあります。「直感知」と「論証知」です。「直感知」とは、文字通り、知識を超越して得られる知恵です。一方、「論証知」とは、いわゆる知識のことです。この二つの「知」のうち、現代の人は、「論証知」すなわち知識は豊富ですが、残念ながら「直感知」が十分でないように感じます。平たく言えば、五感が鈍っているのではないかと思うのです。

たとえば、冷蔵庫の奥でしばらく眠っていた食品を見つけたとき、食べられるかどうかをどうやって判断しますか。多くの人は、まず賞味期限の表示を見ることでしょう。

しかし、おいしく食べられるかどうか、食べてもおなかをこわさないかどうかというのは、本来、人間の視覚や嗅覚《きゅうかく》、味覚などで判断できるものです。実際、昔のお母さんは、家族の食の安全をあずかる人として、そうした感覚を研ぎ澄ましていました。食品の表示など見なくても、「食べても大丈夫」「もう食べないほうがいい」と見極めることができました。今よりも食品の保存環境が整っていない中で、それでも判断を誤るようなことはほとんどなかったのです。それだけ、家族の安全への思いが真剣であったからでしょう。それは、直感知というものを経験則として大切にしていたからだとも思います。

そうした直感知、「生きる力」ともいうべき知恵は、ふだんの暮らしの中で、実際に体験することによって育まれます。ところが、メディアやインターネットの普及で、子どもたちは体験する前に「知ってしまう」ことが増えています。もちろん、あらゆる学習の基になる知識の習得は大切です。けれども、体験もしていないのに先に「知っている」ことが、そんなに大切なのでしょうか。

ただ、間違えてはいけないのは、知識として「知っている」ことと、実際に生きるうえで起こることに対応していくために必要な知恵は、別物だということです。子どもたちに本物の「生きる力」を身につけさせるために、「直感知」を増やすための体験にもっと目を向けることが必要だと思うのです。

「生きる力」は
ふだんの暮らしの中で
実際に体験することから育まれる

好きな道を見つけるために

親にとって、子どもの将来は心配の種であるとともに、夢や希望が膨《ふく》らむ楽しみでもあります。昔は、子どもの生き方を親が決める時代もありましたが、今は子ども自身が好きな道を見つけて、自分らしく充実した人生を歩んでほしいと願う親が多いでしょう。

では、どうしたら、それが実現できるのでしょうか。親として、ぜひ、次の三つのことを教えてあげてほしいと思います。

第一に、何事も一生懸命に取り組むということです。今の自分は、自分以上のものでもなければ、自分以下のものでもありません。だから、「今、ここにいる、ありのままの自分」としてできることに、精いっぱい集中しましょう。うまくいくだろうか、この先どうなるのだろうと不安やマイナス思考にとらわれる暇があったら、よいプロセスを積み上げていくことに力を注ぐのです。一か月先、一年先の未来を先回りして心配するのではなく、まずは今日一日を全うすることに努めましょう。そうすれば、きっと結果がついてきます。

二つめに大切なのは、「運を天に任せきる」ということです。「人事を尽くして、天命を待つ」という言葉がありますが、自分なりの努力を重ねてよいプロセスさえ経れば、おのずと結果はついてきます。だから、できるだけの努力をしたら、「あとは天に任せた！」という気持ちで、ゆったりと構えましょう。

三つめに、疲れたら休むという息抜きを忘れてはいけません。ものごとをなすために、まじめさは欠かせませんが、それだけだと行き詰まってしまいます。いつも全力投球、全力疾走では、体も心も悲鳴を上げてしまうでしょう。ときにはすべてを忘れ、体の力を抜き、頭を空っぽにして遊ぶことも必要です。特に、きまじめなタイプが多い日本人は、その点を意識すべきだと思います。

　自分なりの夢の扉を開くために、必ずやるんだという熱意、何とかなるさという楽観、疲れたら休むという息抜き、これらをバランスよく取り入れるよう、子どもたちには教えたいものです。

> 充実した人生を歩むために
> 必要な三つのこと
> ――熱意・楽観・休息

プラスとマイナスの両方を見よう

人生には、山もあり谷もあります。子どもたちもときには、なかなか結果が出ない、何をしても失敗ばかりという行き詰まりを経験することもあるでしょう。いわゆる八方ふさがりです。

だれにでも訪れるであろう「そのとき」のために、子どもたちに覚えておいてほしいことがあります。それは、どんなことでも、ものごとには二面性があるということです。私たちの身に起こる出来事は、必ず「よいほう」と「悪いほう」の二つの側面を持っています。

子どもには無限の可能性がある

たとえば、風邪をひいた場合を考えてみましょう。体調が悪いと、思うように活動できなかったり、痛い注射を打たなければならなかったり、苦しい思いをするでしょう。しかし反面、それまでの生活のしかたを振り返って改めるきっかけとなったり、自分にとって本当に大切なものや人の存在に気づいたりするかもしれません。病気にならなければ、そのまま見過ごしていたかもしれない大事なことがわかることも多いのです。そういう意味では、一見マイナスでしかないと思える病気でさえ、プラスの面があります。

勉強や習い事、スポーツなどで行き詰まったときも、同様です。「できない」「わからない」ときは、今までのやり方や練習方法を見直してみたり、できるところまで立ち戻って再出発したりするきっかけと考えればよいのです。すると、壁にぶつかったと思い込んでいた難所の通り道を、意外にすんなり発見できることもあります。

このように、ものごとを違った角度から考えようとすれば、苦しみや挫折、絶望の中にも、未来への夢や希望、喜びを見出すことができます。くさらず、あきらめず、ものごとのもうひとつの面を積極的に見てみようとすることが大切なのです。
自分なりの幸福に近づこうとする明るく前向きな気持ちを持ち、生きることに真剣になれば、苦しい局面でも、きっともうひとつの面が見えてきます。すると、自然とよい運を呼び込み、チャンスや出会いを引き寄せることになるでしょう。

苦しいときは
見る角度を変えてみる
きっとプラスの面が見えてくる

第3章

笑いと陽気な心でイキイキ生きる

「笑い」が人生を変える

二〇〇五年、ある親子の運命が大きく変わりました。

一〇七名が亡くなる大惨事となったJR福知山線の脱線事故。この事故に巻き込まれた鈴木順子さんは、なんとか一命をとりとめたものの、重度の脳挫傷《のうざしょう》を負ってしまいました。

順子さんは、自ら呼吸することもできない状態。意識が回復しないまま、半年ほども生死の境をさまよいました。

医師からの余命宣告は、わずか三か月。たとえ呼吸機能が回復したとしても植物状態は避けられない、とのことでした。

ところが、順子さんはその後驚異的な回復をとげ、後遺症は残るものの、自ら車いすを操《あやつ》って、今でも元気に暮らしているのです。

このような奇跡は、いったいどのようにして起こったのでしょうか。

笑いが生んだ奇跡

「笑いが健康によい」という話は、これまでにもおそらく聞かれたことがあるでしょう。

この説は、科学的にも実証されつつあります。通院治療中のがん患者に漫才などを見せて、たくさん笑ってもらいます。そのあとで検査をすると、免疫力《めんえき》が高まっていることがわかったのです。

ほかにも同様の方法で、アトピー性皮膚炎の症状の回復や、糖尿病患者の血糖量の低下などの効果が報告されています。

このように「笑い」は、効果が高くて副作用もない、素晴らしい薬なのです。

笑うことで、人の心は解放されます。笑いには、不安や緊張をほぐし、ストレスを軽減する働きがあるのです。

笑いと言っても、常に大声で笑う必要はありません。ニコニコと微笑んでいるだけでも、十分な効果があります。

冒頭にあげた鈴木順子さんと母親のもも子さんは、絶えず微笑みを浮かべています。順子さんの意識が回復せず、生死の境をさまよっていた時期でも、もも子さんは冗談や笑いを絶やさなかったそうです。

苦しいときこそ、笑ってみる。もも子さんの笑顔の介護が、順子さんを奇跡の回復へと導いたのです。

ニコニコ顔で命がけ

鈴木さん親子のほかにも、私に笑顔で生きることの大切さを教えてくださった方がいます。

脳神経解剖《かいぼう》学を専門とした医学者で、京都大学の総長も務められた故・平澤興《ひらさわこう》先生です。

平澤先生は、日本で最初にノーベル賞を受賞した湯川秀樹氏と学問を競い合ったよきライバルであり、また親友同士でもありました。

しかし、私が平澤先生を敬愛してやまないのは、そういった華々しい経歴とはあまり関係がありません。

むしろ、偉大な先生でありながら、どんなときでも温厚さや謙虚さを忘れることのなかった姿に、畏敬《いけい》の念すら覚えているのです。

平澤先生は、青春時代に重度のノイローゼに悩まされ、死を意識したこともあったそうです。しかし、それを克服し、さらに努力を重ねて、その後の人生を自らの手で切り開いていきました。

そんなご苦労があったとは信じられないほど親しみやすい先生のニコニコ顔には、子どもたちが自然と集まってきたそうです。

つらいときほど笑顔を絶やさない。平澤先生はまさに「ニコニコ顔で命がけ」の生き方を、自らの生涯をかけて実践された素晴らしい方なのです。

「感動」とは感じて動くこと

子どもたちに「あれをしなさい」「これをしなさい」と指図して無理に行動させるのは、本来の教育のありかたとはいえません。

何かしら心に感じることがあれば、子どもは自ら動き始めます。これが

笑いと陽気な心でイキイキ生きる

感動するということです。

現在の教育は、いささかまじめすぎて、子どもたちが自由に感じることを阻《はば》んでいる気がします。

授業の中にも笑いの要素を取り入れて、まずはリラックスさせる。お笑い芸人でいうところの「つかみ」ですね。

そうすることで、子どもたちは授業の内容に対し、よりいっそう感じやすくなり、興味を持って自ら動きはじめることでしょう。

#「笑い」は最良のクスリ

お医者さんから「笑い」を処方《しょほう》される時代がくるかもしれない。「食後三回の薬の服用をやめて、四六時中、大きな声で笑ってください」と——。

この話、みなさんはどう思われますか。「そんなアホな」とあきれられるでしょうか。

しかし、私たち「心と遺伝子研究会」では、そんなアホな話、すなわち笑いの効能についてまじめに考え、お笑いタレントを多数抱える吉本興業と協力して、ある実験イベントを行ったのです。糖尿病の患者さんに集まってもらい、血糖値《けっとうち》があがりやすい昼食後に、大学の先生の退屈な講義とベテラン漫才師によるおもしろい漫才を聴いてもらいました。そして、それぞれの場合について血糖値がどのくらい上がったかを測定したのです。すると、驚きの結果が出ました。食後の血糖値上昇の平均は、退屈な講義のあとは、血液100mℓあたり123㎎だったのに対し、漫才のあとは77㎎。なんと46㎎も差があったのです。

これまでの医学の常識では、血糖値を下げるためにはインシュリンの注射、食事制限、運動ぐらいしか方法がないとされているため、「笑うだけで血糖値が劇的に下がった」という事実に、糖尿病の専門医も非常に驚いていました。また、その後の研究によっても「笑い」はこれまでの薬に匹敵する効果をもつ薬、しかも副作用のない安全な薬であることがしだいにわかってきたのです。

つまり「笑い」は「陽気な心」の元となり、その「陽気な心」はよい遺伝子のスイッチをオンにする。すると遺伝子の働きが変わり、病気や健康の状態まで変わっていくというように考えられます。

私たちは楽しいから笑うのですが、逆に笑うから楽しくなるという側面もあります。だから、いつも「笑い」を心がけることによって、よい遺伝子のスイッチをオンにすることができます。

「笑い」は、人の心と心をつなぐコミュニケーションの手段でもあります。自分の心身の健康のためにも、また周りの人のためにも、家庭や学校、社会が、穏やかでおおらかな「笑い」に包まれることを願っています。


「笑い」は、よい遺伝子のスイッチをオンにし、健康状態も良好にする

毎日をイキイキと生きるために

そもそも遺伝子とは、生物の体をつくり、動かすために体系的に書かれた設計図です。つまり、「いのち」の設計図ですから、そこには「生きるための方法」も書かれていると考えられます。

実際、野の花が咲き乱れる姿を見るとき、動物たちが草原や森の中を走り回っている姿を見るとき、実にイキイキした「いのち」の息吹を感じます。そんな動植物と同じように「生きるための方法」に素直にしたがえば、私たちもきっとイキイキと生きることができるはずなのです。

笑いと陽気な心でイキイキ生きる

科学的にも、体中の細胞の遺伝子がイキイキすると、脳細胞もイキイキすることがわかっています。脳細胞の遺伝子がイキイキすると、脳から体へと、ためになるメッセージが送られます。体重60kgの人の場合、体には約60兆個もの細胞がありますが、その中の遺伝子は、脳からメッセージを受け取ると、イキイキするための情報が眠りから覚めて、活動を始めるのです。脳のイキイキと体のイキイキはつながっています。

また、心のありかたも体に大きく影響します。嫌なことをさせられるときは短い時間でも疲れを感じますが、自分の好きなことや楽しいことをするときには疲れなど感じないものです。それどころか、時間を忘れて夢中で取り組めるのです。

自分なりの「イキイキ・ワクワク」できる目標を持ちましょう。そうすれば、遺伝子はオンになり、必要な情報が活動を開始して、心や体に力が満ちてきます。

スポーツでも、読書でも、絵を描くことでも、何でもよいのです。子どもたち一人ひとりが心から好きだと思えること、夢中になれることを見つけてほしいと願っています。

夢中になれるものを見つけて
イキイキ・ワクワクの
目標を持ちましょう！

苦しいときこそ陽気な心を

失敗や挫折は、人生にあって当たり前のもの。努力しているのになかなか成果が上がらなかったり、失敗を繰り返したりすることもよくあります。すると、気分がふさいだり、努力し続けることがつらくなったりします。

それは、子どもの場合も同じです。習い事や勉強、運動などで失望や悲嘆、挫折感を味わうと、「この習い事は自分には向いていない」「もう勉強なんてやめた！」と投げ出したくなることもあるでしょう。

そんなときには、親はどうしたらよいのでしょうか。「もっとがんばりなさい」と叱咤激励《しったげきれい》すべきでしょうか。それとも「つらい気持ちは、よくわかるよ」となぐさめるべきでしょうか。

何かに行き詰まって、落ち込んでいる子どもを元気づけるためには、こんな方法もあります。鏡の前に連れて行き、「ニッコリ笑ってごらん」とうながすのです。できれば「ワッハッハ」と声も出してみましょう。すると、不思議と笑うことで悲しみや苦しみでこり固まった心の緊張がほぐれ、暗い心も少しは晴れてくるのです。そうすれば、きっと「もう一度がんばってみよう」という気持ちが徐々にわいてきます。

実際、笑いには不思議な力があります。前述のように、漫才を聴いて笑っただけで、糖尿病の患者さんの血糖値がグンと下がったという結果も出ています。笑いは、体や心の働きにとってよい遺伝子のスイッチをオンにすると考えられるのです。

もちろん、人生は笑って済ませられることばかりではありません。しかし、人生が厳しく苛烈《かれつ》であるからこそ、私たちは笑うことや喜ぶこと、つまり「陽気な心」を忘れてはいけないと思うのです。

大切なのは、笑いや喜びがもたらされるのを待つのではなく、どんなにささやかでもいいから、自分から楽しいことやうれしいことを探し出して、その日一日の収穫として心を満たすことです。大いに笑って心を解放すれば、子どもたちも「イキイキとがんばれる自分」を取り戻せるでしょう。

鏡の前でニッコリ笑う
ただそれだけで
心の緊張はほぐれていく

笑顔でひたむきに生きる

目標を持つということは、何事においても大切なことです。私は、そのことによって子どもたちに、自分の中に眠っている「よい遺伝子」のスイッチを上手にオンにできる人になってほしいと思っています。

よい遺伝子のスイッチを上手にオンできる人とは、「あきらめない人」です。周りからは、「無理だ」と言われてもあまり気にせず、まずはとにかくやってみようと思う人。何かに取り組んだら、わき目もふらず熱中する人。自分のしていることにのめり込む、そういうひたむきさがよい遺伝子のスイッチをオンにするのです。

そうなれば、自分が必要としている能力が高まり、才能が存分に発揮されます。その結果、目標を達成できるようになるのです。

ほがらかに笑う人もまた、遺伝子のスイッチをオンにすることができます。「笑う門には福来る」と言うように、笑うと気持ちが明るくなります。不安や悩みで知らず知らずのうちに弾力を失っていた心が解放され、緊張がほぐれます。すると、その陽気な心のありかたが刺激となってよい遺伝子のスイッチがオンになり、「福」を呼び込むことにつながるのです。

実際、人間の遺伝子約二万個の中から、笑いによって働きが大きく変化した遺伝子が多数見つかっています。笑いの効用については、現在、そのすべてが科学的に説明できるわけではありませんが、笑いによって生み出される陽気な心が遺伝子のオン・オフに深く関係しているということは、間違いないだろうと考えられるのです。

子どもたちには、絶えず笑顔を忘れず、ひたむきでいてほしい。そして、子どもたち一人ひとりにとって、イキイキと充実した日々になることを心から祈っています。

目標に向かう
ひたむきさが
よい遺伝子をオンにする

失敗を上手に生かす方法

　私は楽観的な人間で、たとえば道に迷っても、「おかげでふだんは見られない風景が見られたから、まあいいや」と満足するような能天気な性格です。人にものを頼まれると、あまり後先を考えずにほいほいと引き受けてしまうので、若いころは「もう少し、どっしり構えたらどうだ」と忠告されたこともあります。

　確かに、気軽に引き受けてから「しまったな」と後悔したことがないでもありません。しかし、たいていの場合、なんとかなるだろうと気楽に考えています。というのは、引き受けたからには、何かしら行動しなくてはならず、よくしたもので行動していれば、そのうち少しずつ局面が開けてきて、解決策の糸口くらいは必ず見えてくるものだからです。

実際、人からはアホじゃないかと思われるような楽観的な思考やフットワークの軽さこそが、困難な局面を打開し、新しくチャンスを広げるということを、私自身、数多く体験してきました。

たとえ失敗に終わったとしても、楽観的な人間は、その失敗をも上手に生かすことができます。「失敗してしまった、やっぱりダメだった」とネガティブにとらえて落ち込むよりも、「失敗はしてしまったが、これも貴重な経験になる」とポジティブに考えるほうが、失敗を乗り越え、その後の人生にプラスとなる教訓を学べるからです。

子育てにも、同じことが当てはまるように思います。子どもの短所ばかりに目を向けて将来を心配したり、失敗を責めたりするより、その子のよいところに目を向け、たとえ失敗しても「失敗は成功のもと」ととらえること。そうすれば、必ず子どもは失敗やつまずきを乗り越え、自分なりの解決法を見つけるでしょう。その体験を重ねていくことで、明るく前向きな心が芽生え、子どもたちの心や体に元気や活力もわいてくるに違いありません。

ものごとは、見方ひとつ、とらえ方ひとつで変わります。子どもたちが力強く生きていけるよう、楽観的に考える姿勢の大切さを伝えておきたいものです。

楽観的な人間は
失敗も上手に生かす
プラス発想で子育てを

子育ては今しかできない仕事

いつも立春を迎えるころになると、「誕生のときを夢見ながら、お母さんのおなかの中ですくすく育っている赤ちゃんの季節」をイメージします。暦の上では春でも、草木の芽吹きはまだまだ先です。しかし、その準備は着々と進められているからです。

誕生する前の赤ちゃんにとって、お母さんは欠くべからざる大切な存在です。お母さんとおなかの赤ちゃんはへその緒《お》でつながっていますが、それはただ栄養を届けるだけの関係ではなく、お母さんの心の変化がおなかの赤ちゃんの発達に、大きな影響を及ぼすことがわかっています。お母さんと赤ちゃんは、感情的にもつながっているのです。

また、生まれた後も、授乳や語りかけなどを通じて、お母さんと子どもは絆を深めていきます。子どもたちは、この「母と子の絆」を核として、人間性にとって最も基本的かつ重要な「人と人との信頼」の価値と尊さを学びます。そして、父親とも心の絆を形成し、人間性や人格の基盤を少しずつ形づくっていきます。さらには、兄弟姉妹、祖父母を含めた家庭環境から、社会的なマナーやモラルも学びとり、身につけていくのです。

このように、子どもの人間的な成長にとって、「母と子の絆」を原点とする環境はとても大切なものです。遺伝子の面からも、同じことが言えます。遺伝子には、太古からの生物の歴史が書き込まれていると考えられますが、その中のどの部分が働くかは、心の持ち方や使い方を含めた環境やタイミングによって変わるからです。

子育てには手間がかかるし、たくさんの苦労もあるでしょう。しかし、お母さんはもちろん、お父さんも「人づくり」という、創造的で、今このときにしかできない素晴らしい仕事を手がけているのです。ぜひそのことに誇りを持って、子どもと過ごす一日一日をがんばってほしいと思います。

やがて、子どもたちは、自ら人生の春を迎えるでしょう。

遺伝子は環境によって変わる
子育てという素晴らしい仕事を
万全の環境で

母の教えに深い知恵が潜む

私の父は、大学で自然地理学を学び、将来は学問で身を立てたいという希望を抱いておりました。そんな父のもとへ、ある日、祖母から長い手紙が届きました。卒業後は帰郷し、幼いころから親しんできた信仰の道を歩んでほしいという内容でした。

学問の道を志すべきか、信仰の道に進むべきか——。父は迷ったものの、祖母の教えにしたがって信仰の道を選びました。そのとき、祖母はしみじみとした口調で父にこう語ったそうです。

「おまえが社会に出てどんなに出世しても、私はちっともうれしくない。それより、田舎に戻って皆さんのために働くほうが、ずっといい。どうしてそうなのか、今はわからないかもしれないが、あとできっとわかるよ。」

父は、ともすれば自分の中に膨《ふく》れ上がってくる世間並みの欲を抑《おさ》え、一心に信じる道を歩みました。その生き方は決して世間から「賢い」と呼ばれるものではなかったかもしれませんが、その代わりに何か大きなものに支えられ、守られながら、人としての確かで豊かな一生を全うしました。実際、晩年の父は「おれの人生は幸せだったよ」とわが道を振り返っていました。祖母の言葉通りになったのです。

このように、母の言葉や生きる姿勢は、子どもに大きな影響を与えます。昔の母親たちは、人として豊かに生きていくために大切なことを、日々の暮らしの中で繰り返し教えてきました。「ごはんの前には『いただきます』と言うのよ」「親切にしてもらったのね。ちゃんと『ありがとう』と言わなくちゃね」……。

そうした細やかな母の教えは、子どもにはうるさく感じられるかもしれませんね。しかし、時がたって振り返ってみると、そこには豊かに生きる深い知恵が潜《ひそ》んでいたことにきっと気づくことでしょう。

暮らしの中で繰り返される
細やかな教えに
深い知恵が潜んでいる

環境の変化が人を変える

今から50年ほど前、私は思い切ってアメリカへ渡り、研究生活を始めました。まず驚いたのは、教授たちが朝から夜までよく勉強し、よく働くことでした。

しかも、教授は研究員のそばにきて「ホワッツ、ニュー（＝何か新しい発見はなかったか）？」としつこく聞くのです。新しいことなど年にひとつも見つかればいいほうです。教授だってそんなことはわかっています。それでも、毎日毎日聞いて回ります。そんなにすぐに新しいことが見つかるわけではないのに、情報に遅れまいと必死なのです。

そこには、競争が激しいアメリカならではの現実がありました。たとえば、同じくらいの働きしかしていないと判断されたら、大学院を出たばかりの若い研究者も、50歳の教授も給料は同じということも不思議ではありません。今、どんな働きをしているかが大切なのであって、年齢や肩書は関係ないというのがアメリカ流の考え方なのです。たとえノーベル賞を受賞しても、それが研究上でものを言うのは、せいぜい数年間だけ。その間にさらに新しい実績が上げられなければ、「過去の人」になってしまうのです。

こんなことは、年功序列型の日本では想像すらできないことでした。しかし、私にはそうしたアメリカの環境のすべてが新鮮であり、刺激となり、日本での私とは別人のように研究に取り組みました。

もちろん、そうしたアメリカ式のハードな競争社会には悪い面もありますし、アメリカ流のすべてをよしとするつもりはありません。

しかし、私の経験から言えるのは、行き詰まりを感じたら、思い切って環境を変えることが突破口になるということです。環境が変われば、新しいものに触れることになります。それがきっかけで、自分の中に眠っていた遺伝子が目覚めるかもしれません。

もしも、子どもが何かに行き詰まっているようなら、日々の習慣や生活の流れを見直し、何か新たな環境変化を経験させることが得策です。ささいな変化であっても、そこに解決の糸口が見つかるでしょう。

環境の変化こそ
行き詰まりを打開する
突破口となる

親の姿に子どもは習う

親子が感じる喜びとは、それぞれ、どんなものでしょうか。

親にとって、子どもがイキイキと毎日を過ごし、試行錯誤を繰り返しながら、自分なりの生き方を見つけていく様子を見守ること、その過程こそが子育ての醍醐味《だいごみ》であり、「喜び」でしょう。

一方、子どもはといえば、やはり親がニコニコして、やりたいことに励んでいる自分を見守ってくれるとうれしくなり、「もっとがんばろう」という前向きな気持ちになるはずです。

私の父も、私には好きな道を歩ませてやりたいという思いがあったようです。私は、理系に進めば手に職をつけることができ、何らかの技術者になれると考え、中学校を卒業するころには、漠然《ばくぜん》と理系に進みたいと考えるようになっていました。

そんな私に対し、父は進路には口をはさまず、まったく自由にさせてくれました。むしろ父は、若いころ自分があきらめなければならなかった学問という世界で、息子が成果を発表することに喜びを感じていたようでした。私にとっても、親が喜んでくれることは、大きな励みでした。

教育者と学生の間にも、同じような喜びがあります。実際、大学で人を育てる立場に立って以来、私にとって若い人が自分なりの目標に向かって発奮している様子を見るのは、とてもうれしいことです。また、若い学生に知的な刺激を与え、将来有望な人材を育成するためには、何よりもまず、教え育てる者自身が研究に燃え、その情熱を若い人に注ぎ込んでいくことが必要だとも思います。
人を育てるのはたいへんですが、大切な仕事です。親はまず、自分自身がイキイキと楽しく暮らし、その姿を子どもに見せる。子どもは、それをお手本として育っていく。そういう自然な親子の営みの中で、お互いに喜びを感じ合えたなら、それはとても素敵なことだと思います。

親がイキイキしてこそ
子どもはイキイキとする
お互い喜びを感じあう心を大切に

明確な目標こそがイキイキのカギ

私たちはだれもが、「ああしたい」「こうなるといいな」という夢や希望を持っています。それらは心をイキイキさせますが、残念ながらそのままでは持続はしません。はかなく消えてしまうことも、しばしばあります。

しかし、夢や希望が「目標」になったとき、その実現に向けてイキイキ・ワクワクの日々が始まります。心を本当にイキイキさせるのに必要なのは、「目標」なのです。

夢や希望と「目標」の違いは、「始まり」と「終わり」があるか否かにあります。遺伝子の例で考えてみると、その違いはよくわかります。遺伝子は、明確な目標を持ってたんぱく質を作り始め、必ずそれを完成させます。たんぱく質である酵素は、確実に細胞を作っていきます。つまり、遺伝子はいったん目標に向かって動き出したら、「こうなったらいいな」では終わらせない、確実な行動力を持っているのです。

子どもたちの夢や希望をけっしてそのままにしておくのではなく、自ら明確な「目標」として意識させることが大切です。そして、その第一歩として「いつやり始めるのか」を心に定め、さらに「終わり（＝ゴール）」も設定しましょう。ゴールまでは短期のものもあれば長期のものもあると思いますが、「○○までにやる」と心に決めることもまた、心のイキイキを持続させるコツなのです。

心のイキイキは、本来、目標への過程にこそ感じられるものです。しかし、場合によっては、人から評価されること、ほめられることでイキイキするときもあるでしょう。確かに、ほめられたり賞をもらったりすることは励みになるし、うれしい気持ちにもなります。目標への過程を楽しむ材料のひとつとして、ほめられることでイキイキできるなら、それもまたプラスになるでしょう。

ただし、他人からの評価に執着しすぎるのは問題です。本当に大切なのは、自分の中にわき起こるイキイキ・ワクワク感なのですから。

夢や希望だけで
終わらせてはならない
明確な目標を持たせよう!

楽天的に生きることこそ大切

　さわやかな空気を胸いっぱい吸い込むと、心も体も実にのびのびとし、それだけで何かいいことが起こるような気持ちになることがあります。「何をのんきなことを……」と言われるかもしれませんが、そんなのびやかで楽天的な姿勢は、生きるうえでとても大切な気がします。

「楽天的な生き方」というと、人生を軽くとらえたり、深く考えずに生きたりするようなイメージがあるかもしれませんが、けっしてそうではありません。さまざまなことにきちんと向き合い、ときにはプレッシャーを感じながらも「大丈夫、自分なら何とかできる」と明るく前向きな姿勢を失わないこと。それこそが、本当の意味での「楽天的な生き方」なのです。

実際、紆余曲折《うよきょくせつ》を経ても最終的にはうまくいく、いわゆる「運のいい人」は、この楽天的な生き方をしている人が多いのです。そういう人は、「未来」の心配ばかりしたり、「過去」をくよくよ考え過ぎたりせず、「今、この瞬間」に目を向けるからでしょう。

確かに、「失敗は成功の損失ではなく、成功へのきっかけである」と考えるだけでも、その後の状況は違ってきます。そして、今、自分が生きていることに感謝し、やりたいと思うことにひたむきに取り組めば、きっとその思いは成し遂げられるでしょう。

ひたむきに今を生きる人は、遺伝子にもあと押しされます。というのは、逆境もマイナス状況もひとつの環境であり、それがひどい状態であっても、いや、それがひどい状態であればあるほど、眠っていたよい遺伝子のスイッチがオンになり、内なる能力が発揮されるからです。

逆境を順境へと変えるために、あきらめずに前向きに努力すること。その姿勢こそが、よい変化を生むのです。

楽天的に考え
ひたむきに取り組む
この姿勢こそがよい結果を生む

感動が知性の歯車を回す

最近は、どうも元気のない子どもたちが増えているようです。いったいこれはどうしたことかと考え込むことがあります。

もともと、元気であることは、子どもたちの特権です。イキイキ、ワクワク、心を活性化して生きることによって、子どもたちの心身は健全に育っていくものです。ものごとを考える力、未来を切り拓《ひら》く力もそのようにしてついていきます。

元気のない子どもたちが増えている原因は、けっしてひとつではないでしょうが、私は今の教育に「感動」の欠けていることが大きいのではないかと思っています。

本来、新しいことを知ることは喜びであり、感動を伴うものです。ところが、知識の詰め込み重視の教育では、用意された答えの中から、すばやく正解を選ぶことが求められます。深く考える時間や感動をかみしめる時間がまるでムダであるかのように、合理的かつ効率的に決められた道を最短距離で行くことが評価されます。

そうした知識だけを偏重する教育で、はたして本物の知性はみがかれるでしょうか。

本物の知性、つまり深く大きく思考する力は、一朝一夕には身につきません。「あれ？」と不思議に思ったことについて、ゆっくりと考えてみる。手間を惜しまず、失敗を恐れず、答えが見つかるまでじっくり取り組む。一見、愚かに見えるそうしたやり方のほうが、確実に子どもの思考力や創造力を鍛《きた》えることにつながります。

それゆえに家庭でも、子どもたちが発する「なぜ?」「どうして?」に真剣に向き合ってください。そうして、親子ともに時間をかけながら、じっくりと学ぶ過程そのものを楽しみましょう。

それは、大きな知性の歯車をゆっくりと着実に回すことにつながります。元気にイキイキ、ワクワク感動しながら、一つひとつ知識を身につけていく。それこそが学びの本質であり、王道なのです。

最短距離を評価する「感動」の欠けた教育は子どもたちの元気を奪う

子どもの遺伝子
スイッチ・オン!

第4章

ゆずり合い、助け合う利他の心

協力し合う遺伝子

京都大学の研究グループが、あるおもしろい実験を行いました。

それは、生後10か月の赤ちゃんに他者を思いやる心があるかどうかを確かめるというものでした。

まず、20人の赤ちゃんに対し、ある図形が別の図形を攻撃していじめているアニメを見せます。その後で、その二つの図形のおもちゃのうち、どちらかひとつを選ばせるという実験です。

ゆずり合い、助け合う利他の心

実験の結果、20人の赤ちゃんのうち16人が、いじめられていたほうのおもちゃを選びました。

研究グループはこの結果を、80％の赤ちゃんが弱者に対して同情的な態度を示したと解釈しました。そして、人は本来善人である可能性が高いのではないかと考察しているのです。このような結果を、みなさんはどう思われるでしょうか。

助け合う精子の姿

自分本位であることを「利己」と言いますが、反対に自分よりも他者の利益を優先することを「利他」と言います。

そもそも生き抜くことは、自分の生存を優先し、子孫を後世に残すことですから、遺伝子は利己的な存在だと言うこともできるでしょう。

しかし、動物が群れて暮らす場合、ときには他者に協力したり、援助したりする必要が出てきました。そのほうが結果的に生き残る確率が高くなるためです。そこで遺伝子は、利己的でありながらも、利他的な特徴をも獲得していきました。

ここで、ちょっとおもしろい話をご紹介しましょう。

実は最近の研究で、精子が利他的な行動をとる例が発見されたのです。

精子といえば、たった一個の卵子をめぐる激しい生存競争に打ち勝って受精することを目的とした、利己主義の代表のような細胞です。

その精子が、他の利益を優先するとは、いったいどういうことなのでしょうか。

ネズミを使った研究で、次のような現象が見られました。

卵子に向かう精子が、途中で出会った他の精子と群れをつくり、単独のときよりも勢いを増して泳いでいることがわかりました。

ゆずり合い、助け合う利他の心

助け合いながら卵子を目指すことで、より多くの精子が生き残ろうとしていたのです。

やがて、卵子にたどりついた精子は、頭のところから卵子を包む膜《まく》を溶かす物質を出して突き破ろうとします。

これが精子の冒険の最後の難関です。しかし、この膜は簡単には破れません。たくさんの精子がはじき返され、バタバタと倒れていきます。

やっとのことで膜を破ったとしても、そこで性根《しょうこん》尽きてしまい、あとからきたものにゆずって息絶えることもあるようです。

なんという健気《けなげ》さ！　これはまさに利他的な行動だと言えるでしょう。

利己と利他は、一見相反しているようですが、実のところ表裏一体であり、種の存続と個体の生存のためにどちらも必要な本能行動として、人の遺伝子に定着しました。

人はこうして、利己と利他のバランスを取りながら生きているのです。

感謝を伝えて利他的な子に

さて、冒頭の赤ちゃんの話に戻りましょう。

同様の実験を、今度は大人を対象にして行うと、いじめられていた側に同情する割合が少なくなるそうです。

つまり、人は生まれてきたときは善人で、その後の環境によって悪人にすらなってしまうということでしょうか。

環境が遺伝子のスイッチをオンにし、人生を変えるということは、これまでも述べてきました。

残念ながら、環境によってはネガティブなスイッチがオンになり、人を傷つけたり、いじめたりするようになる可能性も考えられます。

そんな子どもにしないためには、どうしたらよいのでしょう。

ゆずり合い、助け合う利他の心

私たちは他者から感謝されるときに、深い幸せを感じます。

これは、利己よりも利他のほうが、遺伝子的にもより高度で新しい特徴であり、発達した脳（こころ）の働きが、より強く作用しているためだと考えられます。

日常的に感謝の気持ちを伝えることで、利他の遺伝子のスイッチをオンにする。そうすることで子どもの中に、他者を思いやり、手を差しのべる心を育てていきましょう。

ひらがなの言葉は利他の心

「ありがとう」「いただきます」「おかげさま」……。こうした「ひらがなの言葉」には、昔から日本人が大切にしてきた思いが込められています。その証拠に、「ひらがなの言葉」は外国語には訳せません。英語、フランス語、中国語などで、それぞれ近い意味を持つ言葉はあっても、ぴったりと重なる言葉はないのです。

たとえば、「ありがとう」。「ありがとう」は「有り難い」、つまり、本来ありえないはずのものがあることに対する深い畏敬《いけい》と感謝の念をもとに生

ゆずり合い、助け合う利他の心

まれた言葉です。したがって、英語の「サンキュー（＝あなたに感謝する）」に、単純に置き換えることはできません。

「いただきます」も同じです。よその国では、食事を与えてくれた神に祈りを捧げることはありますが、日本人のように動植物の命をわが命としていただくことへの感謝の思いを口にすることはないからです。

「おかげさま」も、外国語には見られない言葉です。以前、アメリカ人にこの言葉を教えたら、「何のおかげなのか」と不思議がられました。しかし私たち日本人は、太陽のおかげ、水のおかげ、空気のおかげ、地球のおかげ、ご先祖さまのおかげなど、何に対しても感謝の思いを抱きます。それは、森羅万象を備えた大自然を神や仏として敬ってきた日本人の心によるものです。

このように、日本独特の心を表す「ひらがなの言葉」に共通するのは、「感謝」と「利他」の精神です。他者と分かち合ったり、助け合ったり、譲り合ったりして、他者を生かし、自分も生かす——。「ひらがなの言葉」には、社会を住みやすくする、そんな知恵が隠されています。

「ひらがなの言葉」をはきはきと口にするだけで、人とのコミュニケーションがスムーズになります。「ひらがなの言葉」が満ちあふれる家庭は、家族みんなが暮らしやすく、子どもたちの心も温かく豊かに育まれることでしょう。

ひらがなの言葉には「感謝」と「利他」の深い心が隠されている

働くことはみんなを幸せにする

家事や子育て、仕事などに追われ、なぜ自分だけがこんなに忙しく働かなくてはいけないんだろうと、思わずため息や不平がこぼれることもあるかもしれません。

そんなときは、働くことの意味を考えてほしいと思います。

本来、「働く（ハタラク）」ということは、苦役ではありません。ハタ（周り）の人々をラク（楽）にすることです。つまり、周りの人（家庭なら家族）のために、自分の能力や時間、体などを使うということです。すると、

ゆずり合い、助け合う利他の心

周りの人々が喜びます。その様子を見れば、自分もうれしくなります。「働く」とは、自分を含めたすべての人が喜んで幸せに暮らすためのものなのです。

これは、「利他」という言葉に通じる考え方です。「利他」とは、自分をあと回しにして他人の役に立つように生きることですが、実はそうすることで自分も生かされます。他人を助けてこそ、わが身も助けられるのです。

おもしろいことに、私たちには、もともとこの利他性が備わっています。私たちの体は、役割の異なる三百種類以上の細胞からできていますが、それぞれの細胞は独自の働きをしながら、同時に他の細胞を助ける働きもしています。つまり、私たちの体は、お互いに助け合う関係が何層にも重なるという素晴らしい仕組みで成り立っているのです。

この「利他」という考え方は、家庭や社会生活においても役に立つ大切な知恵です。実際、自分のことをあと回しにして家族のために一生懸命クルクルと働いているお母さんは、知らず知らずのうちに「利他」を実践していると言えるでしょう。

そんなふうに「利他的に」働いているお母さんは、とても幸せです。「疲れた」と感じたときは、「利他」をキーワードにわが身を振り返ってみましょう。他人に与えるものが多い人ほど得るものも多いのです。手にしている幸福の大きさに、疲れや不満がすっと消えてなくなるに違いありません。

「働く」ことは
「利他」を実践すること
みんなを幸せにする

全体をイキイキさせる秘訣

人間は本来、「助け合う」という側面を持っています。その証拠に、私たちの体には、ゆずり合い、助け合う「利他的遺伝子」があり、細胞の助け合いによって形成されています。遺伝子のインフォメーションによって細胞はお互いに協力し合い、心臓や肝臓などのさまざまな器官を形づくってその中で自分の役割を自主的に選んで活動しているのです。

臓器も個性を発揮しつつ、体の一部分として存在しています。つまり、私たちの体の中では、「一人はみんなのために、みんなは一人のために」

ゆずり合い、助け合う利他の心

というラグビーの精神にのっとって、いのちが営まれているのです。これは、遺伝子が「個性」と「全体の調和」を尊ぶからです。

したがって、新学期などで、わが子が新しい環境でみんなと協力し合って楽しく過ごせるだろうかとか、新しい友だちや先生と仲良くできるだろうかといったことは、それほど悩むことでもないのです。

学校や家庭といった社会的な組織を「生命体」のようなものととらえるならば、この仕組みが大いに参考になります。つまり、一人ひとりが個性を発揮してイキイキすれば、学校や家庭全体もイキイキします。逆にいえば、学校や家庭でみんなとイキイキとした楽しい時間を過ごすためには、自分にできる精一杯の協力を行い、その役割を果たすことがポイントになります。

子どもたちに持たせてあげてほしいことは、どう行動したら自分がイキイキできるかということと、周囲の人のために自分が何をすればよいか

（あるいは何を我慢しなければならないか）ということの二つの視点です。
どちらか一方が重要なのではなく、二つの視点が合わさってこそ、楽しく充実した時間を過ごせるのです。

自分のことと周囲のこと
この二つの視点を持つと
イキイキとした時間が過ごせる

天の貯金は自分に返ってくる

「銀行には、宇宙にある銀行と地上の銀行の二種類があってね、地上の銀行はつぶれることがあるけど、宇宙の銀行は決してつぶれないんだよ。あとで大きな利息がついて返ってくるから、おまえたちの小づかいやお年玉は宇宙の銀行に預けておこうね。」

そう言って、祖母は貧しい家計の中からなんとか蓄《たくわ》えたお金を、自分たちよりももっと困っている人に寄付していました。祖母はそれを「天の貯金」と呼んでいましたが、幼い私にはそれが少しうらめしく、不満を抱いていたものでした。

しかしあとになって、祖母の考えに間違いはなかったことを悟りました。祖母やその影響を受けた母を見習って、若いころからささやかながら「天の貯金」を実践してきた私は、「ああ、これまでの天の貯金が満期になって返ってきた」と思わずにはいられない経験を何度もしたからです。たとえば、研究が行き詰まったとき、さまざまな人と出会い、幸運な出来事に巡り合いました。そして、それに導かれるようにしてピンチを脱したり、チャンスをつかんだりしてきたのです。

それは決して偶然などではなく、「よい行いにはいつか必ずよい結果がもたらされる」という天の理《ことわり》にかなったものだったのでしょう。つまり、「天の貯金」のような人のための行為には、それに相応《ふさわ》しい見返りがあると思われるのです。

もちろん、そんな見返りなどなくてもかまいません。人のためにする行いが自分に利益をもたらさなくても、そのことがわずかなりとも、世の中のどこかで人のために役立っているのなら、それでよいのです。

人間の心を占めるのは、「自分さえよければよい」「自分がいちばん大事」というエゴだけではありません。だれの心にも、人の役に立ちたい、人を喜ばせたいという、利他の思いが確かにあります。この利他の思いを実践する「天の貯金」は、ぜひ今の子どもたちにも教えたいことのひとつです。

天の貯金とは
利他の思いを実践すること
いつかそれは満期になる

限界意識は成長の邪魔

一本の苗から、一万数千個の実をつけたトマトがあります。かつて「科学万博つくば」（一九八五年）に出品されたものです。実はこのトマト、バイオ技術は一切使われていません。種にしても、そのあたりにまけば、せいぜい20個か30個しかならない、ごくふつうの種でした。その種が、なんと一万数千個もの実をつけたのです。そのヒミツは、土を使わず太陽の光と栄養分を含んだ水だけで育てた農法（ハイポニカ農法）にありました。

一般に、植物の栽培には土が欠かせません。植物は土に根を張り、根か

ゆずり合い、助け合う利他の心

ら養分や水分を吸収して生長するからです。そのため、作物の栽培の中でいちばん重要なのは、土だと考えられていました。

ところが、このハイポニカ農法（水気耕栽培）を考案した野澤重雄《のざわしげお》さんは、「植物は土に根を生やしているために、もともと備わっている生長力が抑えられている」と考えたのです。すなわち、土は植物が根を張るのに邪魔になっているのではないか。土の中の水分や温度の変化なども、生長のためのスムーズな化学反応にブレーキをかけているのではないか、と。

そこで、野澤さんは土を使わない独自の方法を考え出しました。すると、土から解放されたトマトは、ふつうの千倍もの実をつけました。つまり、邪魔なものが取り除かれたことで、トマトに隠されていた素晴らしい生命力が発揮されたのです。

子どもたちも同じです。邪魔になる原因さえ取り除いて、十分な環境を与えれば、いくらでも伸びていきます。いちばん大切なのは、「自分は、これが精いっぱいだ」という限界意識を持たせないことです。それまでの経験や身近なだれかとの比較、つまり狭い見識やわずかな知識で安易に限界を決めてしまうことが、成長を最も阻害《そがい》するのです。

そういった限界意識から解放してやることで、子どもたちはグングン伸びます。やがて、子どもたちそれぞれが、豊かな実りのときを迎えることでしょう。

子どもたちの成長の
邪魔をする
限界意識を取り除こう

お人よし集団こそが生き残る

ダーウィンの進化論では、強い生物が弱い生物を駆逐《くちく》することで、生き残ってきたとされてきました。しかし最近では、この説に異論が出されたり、疑問を投げかけられたりするような証拠が発見されています。

たとえば、ケニアで発見された約一五〇万年前の猿人類の遺跡からは、強いものが弱いものを圧迫したり、闘争したりした形跡がまったくなく、お互いに食べ物を分かち合い、助け合って暮らした痕跡《こんせき》しか見つからなかったといいます。

ゆずり合い、助け合う利他の心

　また、行動生態学者の長谷川眞理子さんの研究によれば、集団の進化をコンピュータ・シミュレーションしてみると、「ゆずる心を持った人」の集団が、生物として最も進化しやすいという結果が出ているそうです。

　コンピュータに「どんなタイプの人が最後に生き残るか」を推測させたところ、「力の強い人」「自分のことを優先させる人」「競争で勝ち抜いていく人」といった集団よりも、「ゆずり合いやギブ＆テイクの精神を持った人」が最後まで残ったのです。つまり、所有物や利益を独占せず、お互いに融通し合うような「お人よし集団」のほうが生存に適しているらしいのです。

　こうした数々の研究結果を重ね合わせてみると、人間はどうもこれまで言われてきたような対立や競争を原動力として進化してきたのではなく、むしろ相互扶助、つまり助け合いやゆずり合い、分かち合いをもとに進化してきたのではないかと考えられます。

自分の利益を望むのと同じくらい、あるいはそれ以上に他人のために働く生き方。それは、現代社会の効率主義から見れば、鈍く愚かに見えるかもしれません。しかし実は、それこそが遺伝子本来の意思に沿った生き方なのです。

常に「おかげさま」「ありがたい」と周囲に感謝する心を忘れず、「おたがいさま」と周りの人のために尽くす利他の生き方。それが、結果的に自分の幸せをも確かなものにする、真の賢者の生き方だと思うのです。

助け合い、分かち合う
集団だからこそ
生き残ることができる

感謝の心は幸せを呼ぶ

いつも周囲の人に感謝しなさい、何に対しても「ありがとう」という気持ちを持ちなさい。そうすれば、必ずよいことがある——。

そんなふうに人から諭《さと》されたとき、「はい、そうしましょう」とだれもが素直に応じるでしょうか。それなら、自分の悪口を言う人間にも感謝しなくてはならないのかといった疑問を抱く人もいるでしょう。

自分に向けられた悪意に対しても感謝できるのか、ということを考えるとき、私はいつも良寛和尚《りょうかんおしょう》のエピソードを思い出します。

ゆずり合い、助け合う利他の心

江戸時代の僧侶であった良寛が、船に乗ったときのこと。船頭が意地悪をしてわざと船を揺らし、良寛を水の中に落としてしまいます。船頭は、おぼれそうになっている良寛の姿をさんざん笑ったあとで、ようやく船に引きあげます。そんな悪質な嫌がらせに対して、良寛はその船頭の悪意をとがめるのではなく、「おかげさまで命を助けていただきました」とていねいにお礼を述べたのです。

このとき、良寛はどんな気持ちだったのでしょうか。相手の愚行を許そうとする大きな寛容の心でしょうか。それとも、相手の心に悪意を認めず、ただ助けてもらったことへの感謝の思いでしょうか。

私は、その両方であったように思います。「子どもの心こそ仏の心」といって、子どもたちとよく遊んだという良寛は、本当に子どものような純真な心を持っていたのでしょう。大きな心で相手を許し、何に対しても「ありがとう」と感謝する、そんな生き方を貫いた人物であったようです。

それは、お人よしの極みであり、「愚かな生き方」に見えるかもしれません。しかし、確かに幸せな人間の生き方のひとつであろうと思います。

良寛和尚とまではいかなくても、周りに感謝して生きることは、けっして難しいことではありません。ささいなことにも「ありがとう」という言葉を口に出してみましょう。きっと気持ちが明るく、穏やかになるはず。

このことは、子どもたちにもぜひ教えておきたいことです。

愚かに見えても
周りに感謝することは
幸せな生き方のひとつ

逆境が遺伝子をオンにする

二〇一一年三月の東日本大震災によって、私たちの意識は大きく変化しました。省エネや倹約に対する意識が強まり、被災地の人々への経済的支援やボランティア活動に積極的に参加する人も増えました。また、家族や友人、地域の人々との絆を再確認したという人も大勢いました。

もう一つ、注目すべき変化があります。それは、利他的で共存的な生き方への意識がきわめて高まったことです。

笑いや喜びによってよい遺伝子はオンになりますが、そもそも遺伝子と

ゆずり合い、助け合う利他の心

いうのは、逆境によってもオンになります。私は、東日本大震災によって、多くの日本人の中に眠っていた「利他的遺伝子」、つまり他人の役に立とうとする遺伝子がオンになったと思っています。

たとえば、被災直後の大混乱の中、自分を犠牲にしてでも他人を救おうとした人がたくさんいました。避難所では、多くの人々が悲しみや困難を抱えながらも、周りの人々を思いやり、お互いを支え合って暮らしてきました。また、そうした人々の役に立ちたいと、日本全国から数多くのボランティアが集まりました。

そうした変化は、大人だけではありません。私が関わっている財団のアンケートによれば、子どもたちも、人と人との支え合いの大切さを強く認識しているとの結果が出ています。多くの子どもたちが「今、生きていることに感謝したい」「他人のために役立つ仕事をしたい」「日本の未来をよりよくするために、身の回りの暮らしや生活をよくしたい」といった前向きな気持ちを抱いているのです。

それは、震災のあった翌年（二〇一二年）の選抜高校野球で、石巻《いしのまき》工業高校のキャプテンが行った選手宣誓にも表れています。彼は苦難を乗り越えることで、大きな幸せが待っているとしたうえで、「だからこそ、日本中に届けます。感動、勇気、そして笑顔を」と誓い、さらに「見せましょう、日本人の底力、絆を」と高らかに謳《うた》いました。未来を担う子どもたちの利他的遺伝子は、確かにスイッチ・オンになっているのです。

子どもの遺伝子
スイッチ・オン!

第5章

大自然の偉大な力、サムシング・グレート

「祈り」が人にもたらす力

近年、アメリカの大学では、「祈り」が病気を癒《いや》す効果についての研究がさかんに行われています。

祈りのような非科学的なものの力が、科学の現場で注目されつつあるのです。

実際、アメリカのある病院で行われた実験では、病院から遠く離れたところからの祈りが、症状を緩和させたとする報告もありました。

大自然の偉大な力、サムシング・グレート

祈りというと、宗教的なもののように感じるかもしれませんが、本来は宗教が生まれる以前から人類が続けてきた行為です。

心をこめて深い祈りを捧げ、それがかなったとき、人は思いが天に通じたと感じてきました。

それでは、この場合の「天」とは、いったい何のことなのでしょうか？

人は大自然に生かされている

人の全遺伝情報（ゲノム）が解読されたことは前にも述べました。

しかし、科学の力でわかったのは「どういう仕組みか」ということだけで、「どうやってつくったか」「なぜ、そのようにつくったか」については、何もわかっていないのです。

これほど精密なものが、偶然できたとは考えられません。

何か、目に見えない大きなものの力を感じずにはいられないのです。

どれほど科学が発達したといったところで、人間はたったひとつの大腸菌すら、元から生み出すことができないのですから。

よく「子どもをつくる」といいますが、この表現には人間の傲慢《ごうまん》さを感じます。

だれが、もしくは何がつくったかもわからない遺伝情報のもとに動いているわたしたちは、目には見えない壮大な力に「生かされている」としか思えません。

ふだん、私たちは自分の力で生きているように思いがちですが、それは大きな勘違いです。太陽や水、空気、動植物、そして地球といった、人知を超えた大自然の偉大な力によって生かされているのです。

この大自然の偉大な力のことを、私は「サムシング・グレート」と呼んでいます。

この世に生まれたこと自体が、気が遠くなるような低い確率を乗り越えてたどりついた奇跡です。

傲慢さを捨て、この奇跡を喜び、サムシング・グレートに心から感謝する。これこそが、私たち人間にとって、最も大切なことなのではないでしょうか。

医療現場で見られる祈りの効果

一般にがんと呼ばれる悪性の腫瘍《しゅよう》が、自然と消えてなくなってしまうことがあります。

そんな奇跡みたいな話は信じられない、という方もいらっしゃるでしょう。これは臨床医学において「自然寛解《かんかい》」と呼ばれる現象ですが、このような名前があるくらいですから、そこまで珍しいケースではないのです。

しかも、それが祈りの力によるものと考えられる例もあります。

ある18歳の青年が悪性の脳腫瘍《のうしゅよう》にかかり、高名な医師である父親が最先端の治療をほどこしましたが、若さのせいもあって進行が速く、効果はほとんど見られませんでした。

そこで父親は、同僚の医師に呼びかけ、総勢60名で青年の治癒《ちゆ》のために祈りを捧げました。

すると、その十日後に青年の脳腫瘍が消えていることがわかったのです。

祈りにどんな力があって、それが人体にどのように作用するのかは、全くわかっていません。必ずしも効果が現れる場合だけではないでしょう。

しかし、このような例がある限り、祈りには全く効果がないということもできないのです。

人は祈るとき、自然と心が落ち着き、自分の中に中心軸のようなものを感じて、余計な迷いやブレを生じなくなります。

大自然の偉大な力、サムシング・グレート

他者のために祈るときでも、それはある意味、自分との対話のようなものので、この刺激が遺伝子のスイッチをオンにするのだと考えられます。

では、祈りを受け止める「天」とは、何のことを指すのでしょうか。

私は、サムシング・グレートのことだと考えています。

人は無力だから祈るのではなく、祈ることで思ってもみなかった力が生まれることを知っているから祈るのです。太古の昔から受け継がれてきた祈りは、今の子どもたちにも必要なものだと思います。

大自然に生かされている

木村資生《もとお》さんという世界的に有名な遺伝学者によると、この宇宙に一個の生命細胞が偶然に生まれることは、一億円の宝くじに百万回連続で当たったのと同じくらい稀有《けう》なことだそうです。私たち人間は、その細胞を60兆個も持っています（体重60キロの人の場合）。つまり、人間はこの世に生まれてきただけでも、この自然界でたいへんな偉業を成しとげたのであり、今、ここに生きて存在するということは、まさに奇跡中の奇跡なのです。

実際、生命科学の現場にいると、「生きていること自体が、ただごとではない」と感じます。遺伝子の研究は日進月歩で進んでいますが、それでも私たち人間は命どころか、細胞ひとつゼロからつくりだすことができません。世界中の科学者が全員集合しても、世界の国家予算を全部集めても、アメーバーひとつ元からつくることさえ不可能なのです。これは科学の限界というより、命というものがすごすぎるためです。

そんな命のすごさを実感するために、自分の細胞や遺伝子の働きに思いを馳《は》せてみましょう。「心臓が動いているなあ」「血液が流れているなあ」と、自分の体の中で起こっていることを一つひとつ想像するのです。

そして、考えてみてください。それらの活動を自分の意志でコントロールすることができるでしょうか、できないですね。それはなぜか。実は、自分の体（命）は自分のものではなく、限られた寿命の間だけ大自然のサムシング・グレートから借りているものだからではないかと思うのです。

借りたものは、いずれ返さなくてはなりません。命には、必ず死が訪れます。だからこそ、今ここに生きていることは素晴らしいことであり、尊いことなのです。自分の力で「生きている」のではなく、大自然の仕組みの中で「生かされている」。そう感じることが、命の尊さに気づく第一歩です。

生きているということは
それだけで素晴らしい、
奇跡中の奇跡だと知ろう

昼の星にも価値がある

星のきらめきが一段と美しい晴れた夜は、一度親子で空を眺《なが》めてみましょう。そして、子どもたちにこんなことをたずねてみましょう。「昼の空にも星はあるだろうか」と。

はたして、子どもたちからはどんな答えが返ってくるでしょうか。目に見えないから、昼の空には星はない。あるいは、あっても見えない昼の星には意味がない。もしそんなふうに考えているようなら、ぜひ教えておきたいことがあります。

大自然の偉大な力、サムシング・グレート

それは、目に見えるものだけを信じるのではなく、目に見えないものを想像し、深く考えることの大切さです。

もともと日本人は、森や木、草、川、海などのすべての自然に、魂や霊が宿ると考えてきました。つまり、目には見えない、何か大きなものの存在を信じていたのです。そのため、海で魚を捕るときも山で猟をするときも、祈りを捧げたり、小さな祠《ほこら》や神社などをつくったりして、自分たちを生かしてくれる自然や生命への畏敬《いけい》や感謝の念を表してきました。そういった自然を敬い、命を尊ぶ心と営みは、とてもつつしみ深いものです。

それなのに、時代とともに、それを古くさい愚かな迷信だとバカにするようになりました。そうして、人知の及ばないものに対する畏敬の念や謙虚な思いを忘れ、目に見えないものを軽視し、目に見えるものだけを偏重し始めました。つまり、「昼に星は見えない、だから昼に星は存在しない」式の考え方に染まってしまったのです。

しかし、目に見えないものは価値が低く、取るに足らないものではありません。私は科学者ですが、目に見えないものの存在も信じています。遺伝子という素晴らしい体の設計図を見るたびに、人間業《わざ》を超えた奇跡を感じます。生命のおおもとには、何か不思議で偉大な力が働いていて、それによって私たちは生かされていると感じるのです。

見えないだけで、昼にも星は輝いています。その意味について深く考えることは、子どもの心を豊かに成長させることでしょう。

見えない星までも
想像できるような
心の豊かさを大切に

「おかげさま」は感謝の気持ち

「お元気ですか」「おかげさまで」――。

このように、昔から私たち日本人はあいさつを交わすときに「おかげさま」という言葉を口にしてきました。この「おかげさま」という言葉、実はとても意味が深く、日本人のものの考え方や周りとの付き合い方をよく表しています。

たとえば、「おかげさま」の「おかげ（＝お陰）」とは、他人から受ける利益や恩恵を意味しています。古くから「陰」という表現は、神仏、ご先

大自然の偉大な力、サムシング・グレート

祖の霊など目には見えない何か偉大なもののもとで、その庇護《ひご》を受ける意味として使われてきました。その「おかげ」に、「さま（＝様）」をつけてていねいに表現しています。

つまり、「おかげさま」とは、あらゆるものごとが形になるためには目に見えない「陰」の働き、すなわち人知を超えた何か大きなものの加護があるのだと受け止め、自分を生かしてくれるあらゆることに対し感謝する言葉なのです。

今、自分がここに存在できるのは、太陽や水、空気、ご先祖さま、そしてあいさつを交わす相手も含めた周囲の人々みんなのおかげである。そういう奇跡ともいうべき自然のはからいに対して、深いつつしみの心で喜びを捧げているのです。

この考え方は、おそらく日本独特のものでしょう。ですから、「おかげさま」は、英語をはじめ、ほかの言語でもぴったりと意味が重なる言葉は

見つからないはずです。

この美しい言葉をその心とともに、ぜひ子どもたちにも教えたいものです。ふだんから親が「おかげさま」という言葉を使えば、子どもにも自然にその心が伝わります。

朝、眠りから目覚めて元気に活動できること、おいしくごはんを食べられること、ともに過ごす家族がいること、あいさつを交わす友人がいること……。これまで当たり前のように感じていた、それら一つひとつの「ありがたさ」に気づいたとき、きっと目には見えない何か大きな力に対して、自然に感謝の気持ちがわくでしょう。

「おかげさま」は
自分を生かしてくれる
自然への感謝の気持ち

親の暮らしは子の手本

現在は、パソコンやスマートフォンなど、いろいろな情報機器があふれています。そこから取り出される情報によって、ものごとにかかる時間が大幅に短縮され、たいへん便利になりましたが、何でも速ければよいというものではありません。人生には、自分の手間ひまをかけてなすべきことも多くあります。

子育てもそのうちのひとつでしょう。昔の親は自ら手本を示して、あいさつや食事のしかたから、言葉づかい、さらには人としてどのように生き

大自然の偉大な力、サムシング・グレート

ていけばよいのかといったことを、子どもたちに手とり足とり教えてきました。私自身、父や母、そして祖母のふだんの言動から、知らず知らずのうちに多くのことを学びました。つまり、昔の子どもは親の背中を見て育ったわけです。その結果、人生に必要ないろいろなことを教えてくれる親に対して、自然に尊敬の気持ちを抱きました。

今の子どもたちはどうでしょう。親子関係に関する複数の国際調査では、一般に世界の子どもたちと比べて、日本の子どもたちは親と関わる時間が少なく、親を尊敬している子どもの割合も低いという結果が出ています。また別の調査では、自尊感情がある、すなわち自分に自信を持っている子どもの割合も、日本は低いようです。

こうした今の子どもたちをよりよい方向へ導くには、どうしたらよいのでしょうか。まずは親自身のありかた、毎日の暮らしを見直す必要があると思います。お父さんお母さんが、大自然、あるいは神や仏といった、目

には見えないけれども何か大きな存在（私の言う「サムシング・グレート」）に生かされていることに感謝し、毎日をほがらかにイキイキと生きること、そして、手間ひまを惜しまず、子どもとの関わりを大切にすること。その一つひとつこそが、子どもたちにとって何よりの「生きる教科書」となるでしょう。

親が変われば、子も変わります。子どもたちが自分に自信をもってイキイキ過ごせるように、ぜひお父さんお母さんがよきお手本になってほしいと思います。

親の日々の暮らしは
子どもたちの生きた教科書
ぜひともよき手本に

星空から生命を考える

再び星空の話題です。宇宙や地球、さらに命について、さまざまな疑問や不思議を感じ取る教材として、星空を眺めることはとても刺激的なことだと思います。

宇宙の不思議といえば、宇宙物理学者の桜井邦朋《くにとも》さんから、興味深い話をお聞きしたことがあります。ビッグバン（初期状態の宇宙における爆発的な膨張の始まり）直後の3分間について、一体何が起こったのか、まだ解明されていないというのです。ここで言う3分間とは、「宇宙起源の最初の一瞬」という意味のたとえだと思いますが、とにかくその瞬時に何が起こったのか、明らかになっていないのです。しかも、もし爆発のタイミングやその他のあらゆる出来事のさじ加減がほんの少しでも狂っていれば、現在の宇宙、地球、生命は存在し得なかったか、あるいはまったく違う形になっていたと考えられるというのです。

現在ある宇宙、その中の天体と生命が織りなす絶妙なバランスは、偶然にできたものとは到底思えない――。桜井さんは、そこに「宇宙の意思」を感じたそうです。

私はそれを聞いて、感動を覚えました。なぜなら、壮大な宇宙とは正反対の、遺伝子という極小の世界で研究を続けている私も、まったく同じように感じていたからです。たとえば、ＤＮＡの二重らせんの美しさや遺伝子の働きの精巧さは、偶然の産物とは思えません。人知を超えた「サムシング・グレート」によって設計されたのではないかと思わずにはいられないのです。

宇宙と遺伝子は、いずれも何か偉大な力を想定したくなるような精巧な仕組みと、絶妙な調和に満ちています。宇宙と同様の仕組みと調和を備える遺伝子、すなわち私たちの生命は、宇宙の意思や自然の摂理によって生まれ、生かされているのかもしれません。生命とは何か——。星空を眺めながら、私はそんなことを考えます。

星空を教材に子どもたちと生命の不思議を考える

祈りには思いもよらない力がある

東日本大震災のような、多くの人々の生死に関わる悲劇に直面したとき、人には祈ることしかできないということがあります。現代では、そうした状態は人間としての無力さの表れのように思われがちですが、それは違うと思います。人は無力だから祈るのではなく、祈りには「思いもよらない力」があるから祈るのです。太古から、人間はそうした力を知っていて、本当に苦しいときに、まさに祈りの遺伝子のスイッチがパチンと入るようにできているのではないかと思います。

そんな不思議な力の存在を指し示すような、興味深い実験が行われました。アメリカのある病院で重い心臓病の患者さんを対象に、一人ひとりに向けて「回復しますように」という祈りを捧げたのです。そして、祈りをされていないグループと比較したところ、祈られたグループの患者さんは、人工呼吸器、抗生物質《こうせいぶっしつ》、透析《とうせき》といった治療が少なくてすんだということがわかりました。ちなみに、患者さんには自分が祈られていることは伝えていません。ですから、そこに暗示の影響が入る余地はまったくありません。違うのは「祈られたかどうか」だけです。

祈りの効果については、まだ科学的な説明がなされておらず、もちろん異論もあります。しかし、太古の昔から祈りを捧げるという習慣を人が持ち続けている事実を思えば、祈りに何らかの影響を及ぼす力があることも十分に考えられます。

祈ることは、決して無力なことではありません。それも、一人の祈りより二人、さらに百人の祈り、千人の祈り、万人の祈りと広がっていけば、「奇跡」が起こることもあるでしょう。

どうにもならない不幸が襲ってきたときも、私たちはけっして絶望することなく、できることを精一杯やらなければなりません。そのひとつに、祈りがあってもいいと私は思うのです。

無力だから祈るのではない!
思いもよらない「奇跡」を
祈りがもたらしてくれる

大自然からのギフト

日本の四季の移り変わり、すなわち自然界の変化を眺めていると、いつも「いのち」の不思議さを感じます。こうした自然の営みに不思議さや畏敬を感じる心を、今の子どもたちにも、ぜひ持ってもらいたいと思っています。

私は、長年、遺伝子の研究に携わるにつれ、「いのち」というのは人間の「知」をはるかに超える大自然、いわば何か大きな存在からの「授《さず》かりもの」だと感じています。この大きな存在のことを「サムシング・グレート」と私が呼んでいることは、これまでもしばしば述べてきました。

「いのち」が「授かりもの」だと感じるのは、どんなに現代科学が日進月歩の発展を遂げていようとも、いまだ人間の力では、大腸菌ひとつ元からつくり出せないからです。まして、人間の「いのち」は、きわめて複雑です。遺伝子ひとつをとっても、その幅は1ミリの50万分の1、長さはひとつの細胞の中の遺伝子をつなぎ合わせたなら約1・8メートル。その中に、四つの塩基（ATCG）からなる情報が、約30億ペアも詰まっています。それが、体中にある60兆個（体重60キロの人の場合）の細胞に存在して、それぞれが情報を持っているのです。しかも、それぞれが整然と仕事をしている――。

これはもう、人知を超えるサムシング・グレートが「いのち」を授け、つかさどっていると考えざるを得ません。

大自然の営みを感じることは、自分の「いのち」について考えるきっかけとなります。子どもたちにはぜひ、自分や周りの人や生きとし生けるものの全部の「いのち」にも思いを馳《は》せ、「いのち」は「授かったもの」だということを、しっかりと体で感じとってほしいと思います。

大きな「いのち」の仕組みに感謝して、毎日をイキイキと生きれば、きっと素晴らしい人生が送れるはずです。それは、大自然から贈られる、子どもたちへのギフトなのかもしれません。

大自然から贈られる
素晴らしいギフト
それは素晴らしい人生

暮らしのサイズを考え直す

科学の用語のひとつに、「最適規模」という言葉があります。ある環境の中の最適な数や量のことで、自然界は実に巧みにこの最適規模を守っているのです。

たとえば、動物などは置かれた環境の中で数が増えすぎると、その後、自然に数が減っていきます。食べ物が足りなくなったり、ストレスがたまりすぎたりして、集団としての維持が不可能になるからです。

人間も自然界の一員ですから、当然、その生存の最適規模があるのです。

大自然の偉大な力、サムシング・グレート

古来、人間は自然に働きかけてさまざまなものを創り出し、生活を維持してきました。とはいうものの、科学技術が乏しかった時代には、さほど大量にモノを生み出す力もなく、優れた医療もありませんでした。したがって、産業や人口の伸びはゆるやかで、ある一定のラインでその規模を保ってきました。

しかし、近代科学技術の進歩によって、それが一挙にくつがえったのです。人々はどんどんモノを生産し、どんどん消費し続けるようになりました。また、医療が進歩したことで、人口そのものも爆発的に増え始めました。

その結果、地球のさまざまな資源が少なくなっていることや、自然環境の破壊が進んでいることが、深刻な問題となっています。

今の私たちに必要なことは、とにかくモノを増やし続け、人間の活動を広げ続けていくという、これまでの直線的な考え方を見直すことでしょう。さらに、遠い未来をも見通すような深い知恵で、時代と文明をよく見て、

その最適規模について考えることでしょう。

それは、次世代を担う子どもたちとも一緒に考えたいテーマのひとつです。モノをムダづかいしていないかチェックしてみる、便利だけど大量のエネルギーを必要とする電気製品が本当に必要なのか考えてみる……など、できることから始めてみましょう。

このように暮らしのサイズを考えることは、生き方を考えることです。それは、やがて子どもたちが活躍する未来の社会にもつながっているのです。

未来を見通す深い知恵で
暮らしのサイズを
考え直そう

日本のごはんは心を育む栄養源

炊き立てのアツアツごはんに湯気のあがるみそ汁、そして納豆……。こんな日本の伝統的な食事が注目され、世界の栄養学者たちをうならせています。というのは、日本食ではコメを主食とし、みそ汁や納豆、豆腐などの大豆製品と一緒に食べる習慣がありますが、実は、このコメと大豆の組み合わせが絶妙のコンビだからです。

コメを食べると、エネルギー源となる糖分のほかにタンパク質も補給でき、さらに大豆と一緒に食べ合わせることで意外な効果が現れます。コメと大豆はお互いに不足する栄養（必須アミノ酸）を補うため、コンビのタンパク質の栄養価は、なんと動物性タンパク質の栄養価とほぼ同じになるのです。

もちろん、コメそのものも栄養価の高い優れた食品です。私たちが授乳期のお母さんたち約40名を対象に行った研究でも、発《はっ》芽《が》玄米（玄米を少しだけ発芽させて食べやすくしたもの）は白米に比べて、免疫《めんえき》成分を増やすとともに、怒り、敵意、うつ、疲労といったストレスを減らす効果があることが確かめられています。日本食の中心であるコメ、中でも精米する前の玄米という「全体食（ぬかを取らないで全部食べること）」は、体にも心にもよいという結果が出ているのです。

このように、コメを主食とする伝統的な日本の食生活は、長い年月をかけて編み出された、まさに生活の知恵です。イネの「イ」は「命」、「ネ」は「根っこ」を意味すると言われています。古来、稲は食べ物としてだけではなく、日本の風土や文化を象徴する大切な植物でした。つまり、コメは「日本人であること」の根っこの部分につながっている大切なものなのです。

体だけでなく、日本人としての心を育む栄養源である「日本のごはん」。そのおいしさと豊かさを実感した子どもたちからは、きっと「おかわり！」という元気な声があがるに違いありません。

コメを主食とする食生活は
長い年月をかけて編み出された
日本人の生活の知恵

コメには神の意思が宿る

コメにまつわるおもしろい神話を耳にしました。昔は、コメと小麦は一つの食糧であったが、神様が二つの種類に分け、コメを東洋に、小麦を西洋に分配したという話です。

確かに、古来コメは東洋において主食とされてきました。しかも日本においては、単なる食べ物というだけでなく、生活様式や文化にも深く関わる存在として大切に考えられてきました。

その証拠に、田植えや秋の収穫祭など日本の生活様式や行事は、コメの

大自然の偉大な力、サムシング・グレート

収穫サイクルに基づいて形づくられてきました。一年を通してコメづくりにいそしむ中で、人々はコメの豊作を神に祈り、感謝の気持ちを捧げてきたのです。

したがって、農事はすべて神事の性格を持ち、その結実であるコメは、神の意思が宿る神聖で尊い食べ物と考えられてきました。「コメを粗末にしたらバチ（神罰）が当たる」と昔から言われるのも、その表れでしょう。

今では、コメは東洋だけでなく、広く世界中で食べられています。なんと世界の人口の半分がコメを主食にしており、発展途上国ではエネルギー源であると同時に、大切なタンパク源としても重視されています。栄養的に優れているコメは、今や世界的に重要な食糧なのです。また、コメを主食とするヘルシーな和食も高く評価されています。

ところが日本では、若い人を中心に食生活が欧米化し、コメ離れが進んでいます。このままでは体の健康はもちろん、日本人として大切なものを

も見失うことになるのではないかと心配です。
そんな憂えるべき事態を打開するカギは、実は毎日の食卓にあります。炊き立ての白いごはん、季節感あふれる炊き込みごはん、お母さんが握ってくれるおにぎり、疲れた体をやさしく温めてくれる雑炊《ぞうすい》……。そうした何気ない家庭料理こそ、コメを身近に感じ、コメに凝縮された日本人の心と文化に触れるきっかけとなります。ぜひ愛情あふれる手料理を通して、日本人として大切にしたいものを子どもたちに伝えていきましょう。

コメ離れは
日本人としての
大切な何かを見失う

世界に評価されている日本人

日本人は、よく「謙虚である」と言われます。また「利他の心」、つまり自分だけが得をしようと欲張るのではなく、世のため人のために働こうとする気持ちも強いようです。それは世界に誇るべき美点ですが、謙虚や利他の心があまりにも強いせいか、日本人は自国を過小評価する傾向にあるようです。実際、世界の子どもたちを比較した数々の調査でも、日本人は自分に対する肯定的な気持ちが弱く、自信がないという結果が出ているそうです。

これは、少々心配なことではないでしょうか。自分自身を肯定できず、最初から「どうせ自分はダメだから……」「がんばってもうまくいくわけがない」などと考えていると、うまくいくものもいかなくなってしまいます。「がんばろう」「上達しよう」という意欲がなければ、勉強もスポーツもその他のことも、よい成果を得ることができないのは当然です。

今、日本の子どもたちに必要なのは、自分に自信を持つことだと思います。そのために、お父さんやお母さんは子どもたちをありのままに受け止め、手間ひまを惜しまず、たっぷり愛情を注いでください。「自分が愛されている」と感じている子どもは、「やればできる」と自信を持ち、困難なことにも挑戦してみようという前向きな気持ちを持てるでしょう。

そして、日本人が世界の人々から高く評価されていることも、折に触れて子どもたちに話してください。たとえば日本の技術力の高さ、治安のよさ、経済力、清潔な環境、伝統と新しさをミックスした奥行きのある文化、勤勉かつ穏やかで礼儀正しい国民性、自然を敬い自然と調和する暮らし方……。そうした私たちが受け継いできた日本人のよさを再確認し、子どもたちに伝えることは、未来を担う子どもたちへの何よりの贈り物になるでしょう。

がんばれ、日本の子どもたち！　子どもたち一人ひとりが自分を大切にし、かつ周りの人も大切にできる人間に育つように、お父さんやお母さんの家庭教育に期待しています。

世界から高く評価される日本人
もっと自信と誇りを持って
未来を生き抜こう！

さあ、日本人の出番だ

あとがき

私は以前、チベットの政治・宗教の最高指導者である法王、ダライ・ラマ十四世に「二十一世紀は、日本人の出番だ」と言われたことがあります。

科学がめざましく発展し、先進国を中心に、大量生産・大量消費が当たり前となった二十世紀。その結果、二十一世紀は資源の枯渇《こかつ》や地球温暖化など、さまざまな問題を抱えることになってしまいました。

今こそ、現状を真摯《しんし》にとらえ、地球上のだれもが利他の心を持って生きていかなくてはならないのです。

そんな二十一世紀が、なぜ「日本人の出番」となり得るのか。

イギリスのＢＢＣ放送が毎年行う世論調査に「世界によい影響を与えていると思われる国はどこか」という質問があります。二〇一二年のこの調査で一位に選ばれた国は、日本でした。

この結果には、前年の大震災時に世界へ向けて放送された、日本人のゆずり合い、助け合いの映像が大きな影響を与えていることでしょう。

多くの外国人にとって、緊急時にも一列に並んで指示を待ったり、ほかの人のために道を開けたりする日本人の姿は信じられないものとして映るようです。

しかし、日本の印象をよくしているのは、これだけではありません。

ノーベル賞受賞者を多数輩出していること、教育水準や医療水準の高さ、治安のよさなども高く評価されています。また、近年では日本のマンガやアニメ、一部の音楽なども「クール・ジャパン」と称され、もてはやされています。

ところが、これに比べて日本人の自国評価はすこぶる低い。不景気が長く続いているせいか、若者たちもどことなく自信がない。それもそのはず、社会も大人も自国に対する自信を失っているためです。

長い年月をかけて、日本人の遺伝子に受け継がれてきた利他の心。二十一世紀こそ、この精神を世界へ向けて発信していくべきなのです。そのためには教師が、親が、日本人のよさを伝え、遺伝子のスイッチをオンにし、イキイキとした子どもたちを育てる必要があるのではないでしょうか。

平成二十五年十月

村上　和雄

村上和雄

筑波大学名誉教授。1936年奈良県生まれ。
京都大学大学院農学研究科博士課程修了。
米国オレゴン医科大学研究員、米国バンダービルト大学助教授を経て、筑波大学応用生物化学系教授となり、遺伝子の研究に取り組む。『サムシング・グレート』『生命の暗号』『アホは神の望み』（サンマーク出版）、『スイッチ・オンの生き方』（致知出版社）、『そうだ！絶対うまくいく！』（PHP研究所）、『今こそ日本人の出番だ』（講談社）など、多数の著書がある。
1983年　昇圧酵素「レニン」の遺伝子解読に成功、世界の注目を集める。
1996年　日本学士院賞受賞。
2008年　全日本家庭教育研究会第５代総裁に就任。
2011年　瑞宝中綬章受章。
現在、国際科学振興財団バイオ研究所所長。

子どもの遺伝子 スイッチ・オン！

2013年11月1日　第１刷発行
2016年 2月2日　第２刷発行

著　者…………村上和雄
発行者…………中川栄次
発行所…………株式会社　新学社
〒607-8501　京都市山科区東野中井ノ上町11-39
電話　075-581-6163
FAX　075-581-6164
http://www.sing.co.jp
印刷・製本……大日本印刷株式会社

ISBN 978-4-7868-0219-5　C0037

子育て応援 本

明日への叡智《えいち》

村上 和雄 著

遺伝子研究の権威が、5人の対話者とともに**「教育のあるべき姿」**を探求する。

- 定価： 本体 1,200 円 + 税
- ISBN：978-4-7868-0218-8

子育てのヒント

外山 滋比古 著

150万部のロングセラー「思考の整理学」の著者が、**“家庭という学校”での教え方**をわかりやすく伝えます。

- 定価： 本体 1,000 円 + 税
- ISBN：978-4-7868-0190-7

子どもが変わる「育て言葉」

辰巳 渚 著

2人のお子さんを子育て中の著者が、世のお母さん・お父さんに贈る**愛情豊かなエッセイ**。

- 定価： 本体 1,200 円 + 税
- ISBN：978-4-7868-0206-5